Isabella Ackerl

Geschichte Österreichs in Daten

Isabella Ackerl

Geschichte Österreichs in Daten

Von der Urzeit bis 1804

marixverlag

FSC
Mix
Produktgruppe aus vorbildlich
bewirtschafteten Wäldern und
anderen kontrollierten Herkünften

Zert.-Nr. SGS-COC-1940
www.fsc.org
© 1996 Forest Stewardship Council

Bibliografische Information der Deutschen Nationalbibliothek
Die Deutsche Nationalbibliothek verzeichnet diese
Publikation in der Deutschen Nationalbibliografie; detaillierte
bibliografische Daten sind im Internet über
http://dnb.d-nb.de abrufbar.

Covergestaltung: Nicole Ehlers, marixverlag GmbH, Wiesbaden
nach der Gestaltung von Thomas Jarzina, Köln
Bildnachweis: akg-images GmbH, Berlin
Lektorat: Verlagsagentur Michael Hlatky, A-Vasoldsberg
Satz und Bearbeitung: Medienservice Feiß, Burgwitz
Der Text wurde in der Palatino gesetzt
Gesamtherstellung: GGP media GmbH, Pößneck
Printed in Germany

ISBN: 978-3-86539-947-2

www.marixverlag.de

Inhalt

Vorwort

Eine nach Daten geordnete Geschichte eines Landes kann nie vollständig sein. Immer wieder könnten neue Daten, vor allem im Bereich der älteren Geschichte, entdeckt bzw. verifiziert oder bestätigt werden. Daten erzählen nicht Geschichte, sondern sie strukturieren ihren Ablauf und bilden einen Wegweiser durch den Dschungel der Ereignisse. Selbstverständlich ist jede Datenauswahl subjektiv, vor allem je näher man der modernen Geschichte kommt und von der Vielzahl und Vielfalt der Ereignisse überwältigt wird.

Was uns in vorschriftlicher Zeit an Daten mangelt, weshalb die Geschichte Österreichs bis zur Zeitenwende nur in erzählender Form abgehandelt wird, erdrückt uns in neuester Zeit durch die ausufernde Menge und die vielfältigsten internationalen Verflechtungen.

Deshalb wurde in diesen beiden schmalen Bänden fast nur die politische und wirtschaftliche Entwicklung des Landes berichtet, wobei bei der Wirtschaft nur wesentlichste Elemente gestreift wurden. Weggelassen wurde die gesamte Entwicklung des kulturellen Bereichs. Dieser würde einer eigenen Darstellung bedürfen.

Was den geographischen Bereich betrifft, so beziehen sich die ausgewählten Daten auf die jeweilige Ausdehnung des Herrschaftsgebietes bzw. Staates.

Informationen zu Personen wurden, soweit vorhanden, zu den Lebensdaten jeweils in Klammer bei Erstnennung der Person gegeben. Im ersten Jahrtausend ist die Erfassung der Lebensdaten der agierenden Personen äußerst schwierig, oft sind die Daten unvollständig oder nur die Jahre von Herrschafts- oder Amtsausübung überliefert. Grundsätzlich gilt, dass veröffentlichten wissenschaftlichen Werken zu vertrauen ist, solange sie nicht durch neuere Forschungen widerlegt werden.

Wien 2009 Isabella Ackerl

Die schriftlose Zeit
250.000 v. Chr. – Beginn der Zeitrechnung

Die frühesten menschlichen Ansiedlungen – neueste Forschungen bezeichnen unsere Vorfahren als Neumenschen im Unterschied zum Entwicklungsstrang des Neandertalers – auf heutigem österreichischen Staatsgebiet gehen auf die Steinzeit zurück, als die Menschen in wärmeren Klimaphasen der Jagd in den alpinen Höhenregionen frönten und sich in Höhlen zurückzogen. In kälteren Phasen dieser Entwicklungsgeschichte wagten sie sich hinunter in die Flusstäler. Ältere, möglicherweise vorhandene Spuren, waren durch die folgende Eiszeit verwischt worden. Es existieren Höhlenfunde, die bis etwa 250.000 vor Christi zurückreichen und die die Verwendung einfachster Werkzeuge beweisen. Die in der Gudenushöhle bei Krems (Niederösterreich) entdeckten Steinwerkzeuge werden auf ein Alter von etwa 90.000 Jahren geschätzt. Die Eiszeitjäger lauerten an den Wasserstellen auf das Großwild, das sie mit Steinen und Lanzen erlegten. Die Beute wurde gleich an Ort und Stelle verzehrt. Gegen die Unbillen der Witterung schützten sich die Menschen der Steinzeit durch die Anlage von Wohngruben.

Erst in der Jungsteinzeit sind erste Tendenzen nachweisbar, dass der Mensch nicht nur überleben wollte, sondern sein Leben zu gestalten begann. Er verzierte die Gegenstände des täglichen Gebrauchs, er entwickelte Ängste und Gefühle, Vorstellungen und Ideen. Der Mensch fürchtete höhere Mächte – für ihn augenscheinlich die Gewalten der Natur – und widmete ihnen Idole, mit denen er seine Wünsche und Bitten verknüpfte. Es sind vor allem Fruchtbarkeitsidole, die Reproduktion des Lebens als kostbarstes

Gut verehrend. Als Beispiele seien die „Venus von Willendorf" genannt, ein 1908 in der Nähe von Krems aufgefundenes Sandsteinfigürchen, dessen überbetont weibliche Formen keinen Zweifel an seiner Sinnhaftigkeit lassen, oder die erst vor wenigen Jahren aus den Tiefen der Erde gehobene „Venus vom Galgenberg", deren grazile Weiblichkeit einen frühen Sinn für Ästhetik ahnen lässt. Diese aus grünlichem Schiefer geschnitzte, vollplastische Figur wird der Epoche „Aurignacien" (35.000–28.000 V. Chr.) zugeordnet und ist die bisher älteste, eindeutig weibliche Darstellung dieser Frühzeit. Als Tanzfigur hat sie möglicherweise einen Zusammenhang mit Einweihungsriten. Österreichs Geschichte beginnt – zumindest was die erhaltenen wertvollen Zeugnisse betrifft – weiblich.

In dieser Jungsteinzeit bildeten sich Jagdgemeinschaften, aus denen Sippen hervorgingen. Die Produktion von Werkzeugen aus Stein und Knochen erfuhr eine größere Vielfalt. Waffen für die Jagd, aber auch Nähnadeln oder Musikinstrumente erleichterten das Leben und dienten den Menschen zur Freude. Sie verzierten diese Kostbarkeiten und schützten sie mit magischen Zeichen.

Um etwa 10.000 V. Chr. brachte eine Klimaerwärmung das Ende der Eiszeit. Die Folge war eine wesentliche Änderung von Fauna und Flora in den alpinen Regionen. Die Großsäugetiere starben aus, daher mussten die frühen Menschen ihre Jagdgewohnheiten ändern. Auf dem Speiseplan standen nun Rot- und Niederwild, die Seen lieferten Fische und Schalentiere. Noch war der Mensch nicht sesshaft, sondern wanderte zu ertragreichen Jagdrevieren. Erst um etwa 5.000 V. Chr. verbreiteten sich durch einwandernde Siedler die ursprünglich aus dem Zweistromland kommenden Kenntnisse von Ackerbauwirtschaft und Haustierzucht. Auch im Donauraum wurden nun Bauern ansässig, sie zogen Getreidesorten und domestizierten Wildtiere. Neben dem Rind waren es vor allem Schafe und Ziegen, die die Nahrungspalette wesentlich bereicherten. Ein verbessertes Nahrungsangebot führte in der Folge zum Anwachsen der Bevölkerung. In Gebieten mit Lößböden florierte der Getreideanbau zunächst am besten, die sesshaft gewordenen Menschen errichteten dauerhaftere Häuser aus Holz, die Wolle von Schafen verwendeten sie zur Herstellung von Bekleidung. Damals entdeckten sie auch, wie man aus Ton einfache Keramikgefäße herstellt, die für den täglichen Gebrauch, aber auch für die Vorratshaltung einen enormen Fortschritt brachten. Durch Rodung der Wälder entstanden offene Siedlungs- und Anbauflächen.

Nach Ablauf etwa eines Jahrtausends entwickelte sich eine funktionell gegliederte dörfliche Struktur. Hausbauten wurden widerstandsfähiger und wettersicherer. Die Dörfer schützte man durch Erdwälle, denn man verfügte über Besitz, der das Leben erleichterte, aber auch die Begehrlichkeit erweckte. Aufgrund spezieller Fertigkeiten entwickelten sich Berufe, was weiters zu sozialen Differenzierungen führte. Die Aufgaben des täglichen Lebens wurden rationeller verteilt, wer mit der Waffe verteidigte, wer anbaute, wer jagen ging oder die nötige Bekleidung herstellte, jede Funktion wurde nun nach Bedarf und Befähigung ausgeübt. Die Dorfbewohner nahmen Kontakt zu anderen Dörfern auf, man tauschte Waren und baute Handelswege auf. Güter aus entfernten Ländern gelangten in unsere Region, so fand man bei Ausgrabungen Werkzeugteile aus Obsidian, einem Stein, der in unseren Breiten nicht vorkommt. Die Ausbeutung von Bodenschätzen setzte erst um etwa 4.000 V. Chr. ein.

Jüngste Ausgrabungen im nördlichen Niederösterreich beweisen, dass schon in der frühen Jungsteinzeit, etwa 5.000 V. Chr. Krieg geführt wurde. Bisher hatte es noch nie Funde in diese Richtung gegeben. Sicherlich fanden kleine, mit Waffengewalt geführte Auseinandersetzungen statt, aber die Spuren eines brutalen Krieges waren in Österreich noch nicht entdeckt worden.

Bei Ausgrabungen in Asparn an der Zaya, wo die Archäologen nach Spuren der linearbandkeramischen Kultur suchten, wurden nun die Reste eines Kriegszuges gefunden. Die Archäologen legten eine Ansiedlung frei, die etwa ab 5.300/5.200 V. Chr. besiedelt war. Es fanden sich Spuren von Verfärbungen durch Eichenpfosten, Speicher- und Abfallgruben sowie Haustierknochen. Die gesamte Anlage war durch einen ovalen Graben geschützt, der im Längsdurchschnitt etwa 330 Meter betrug. Die Tiefe des Grabens erreichte zwei bis drei Meter. Diese Größe der Anlage deutet auf eine wohl organisierte Gemeinschaft hin, denn der Aushub eines derartigen Grabens allein bedurfte einer hierarchischen Organisation. Möglicherweise war die Anlage bei Asparn eine befestigte Siedlung bzw. Fluchtstelle für die gesamte Gegend. Es wurde nämlich auch eine mehrere Meter tiefe Brunnenanlage gefunden, obwohl ganz nahe außerhalb des Befestigungsgrabens eine Quelle vorhanden war. Das lässt darauf schließen, dass sich die Bewohner bedroht fühlten. Inzwischen nimmt man auf Grund anderer Funde in Deutschland an, dass insgesamt die Zeiten unruhiger wurden und möglicherweise Missernten, durch Klimaschwankungen hervorgerufen, zu einer europaweiten Krise geführt hatten.

Im Bereich dieser Schutzanlage wurden Skelettteile von etwa 150 bis 300 Personen gefunden, die alle eines gewaltsamen Todes gestorben waren. Die Zahl der Bewohner der Siedlungsanlage lässt sich deshalb nicht mehr genau eruieren, da die Skelette sehr zerstückelt sind. Die Toten blieben offenbar lange unbeerdigt, weil einzelne Knochenteile Bissspuren von Hunden oder anderen Tieren aufweisen. Fast alle Schädel haben tödliche Hiebverletzungen. Auch die Alters- und Geschlechtsverteilung der Überreste lässt auf die durchschnittliche Bevölkerungsstruktur eines Dorfes schließen. Lediglich junge Frauen und Mädchen fehlen, wobei anzunehmen ist, dass sie verschleppt wurden.

Aus diesem archäologischen Befund – der sich übrigens mittels der Radiokarbonmethode exakt auf 5040 V. Chr. datieren lässt – kann man auf eine systematische Ausrottung eines Dorfes, also auf einen regelrechten Krieg schließen. Kein Dorfbewohner scheint das Massaker überlebt zu haben, da niemand die Toten bestattete, wie dies um diese Zeit schon allgemein üblich war. Über den Angreifer oder die Angreifer lassen sich nur Vermutungen anstellen, jedenfalls dürften sie entscheidend in der Übermacht gewesen sein.

Die Kenntnis der Metalle kam aus anderen Kulturen, vorwiegend des Vorderen Orients. Dank klimatischer Begünstigung hatten sie bereits einen höheren Grad an Zivilisation erreicht. Die

Epoche von etwa 3.900 bis 2.200 V. Chr. war durch die Verwendung des Kupfers gekennzeichnet. Um den Erzabbau zu bewerkstelligen, bedurfte es einer weiteren Spezialisierung. Das Wissen um die Metalle und ihre Gewinnung aus der Erde ließ neue Berufe entstehen, die in der sozialen Hierarchie eine führende Position einnahmen. Die Verarbeitung von Kupfer in Verbindung mit der Erfindung des Rades erweiterte den Lebensraum, erleichterte die Beschaffung von Subsistenzmitteln. Über die soziale Gliederung geben uns die rituellen Beisetzungsformen Auskunft. Die Verstorbenen wurden an speziell dafür vorgesehenen Orten zumeist in Hockerlage beigesetzt, je nach Stellung in der Hierarchie waren die Grabbeigaben sehr reich oder bescheiden.

Neue Siedlungsformen entwickelten die Menschen an den fischreichen inneralpinen Seen, indem sie ihre Häuser auf Pfählen in ufernahen Zonen errichteten. So geschützt gegen eventuelle Angreifer und nahe am wichtigen Wasser fühlten sie sich offenbar sicherer. Wie weit die hochalpinen Regionen von den Menschen in der Zeit der Verwendung des weichen Kupfers erobert wurden, ob sie vielleicht gar Almwirtschaft betrieben oder nur höher hinauf vordrangen, um die Gebirgsketten zu überqueren, werden die künftigen Forschungen zum Sensationsfund des Jahres 1991 liefern, als das Gletschereis eine Mumie freigab, den so genannten „Mann vom Hauslabjoch", dessen Lebenszeit für den Zeitraum zwischen 3260 und 3210 vor Christi mittlerweile festgestellt wurde. Dieser mit einer Reihe von Gegenständen ausgerüstete Mann wird zweifellos noch eine Reihe von ungeklärten Fragen der Forschung beantworten.

Um das Jahr 2.000 V. Chr. existierten bereits europaweite Handelswege. Nach Kupferlagerstätten wurde in ganz Europa gesucht. Als man entdeckte, dass durch Beigabe von Zinn ein wesentlich härterer Werkstoff, nämlich die Bronze sich produzieren lässt, transportierte man Erze quer durch den Kontinent. Vierrädrige Karren, von Rindern gezogen, waren das Transportmittel. In den österreichischen Alpen bestand ein reiches Kupfervorkommen im salzburgischen Mitterberg, wo zwischen 1.800 und 600 V. Chr. ein intensiver Abbau des Erzes betrieben wurde. Zur Hochblüte des Bergbaus waren etwa tausend Knappen beschäftigt, die in einem komplizierten Gussverfahren die Ringbarren aus reinem Kupfer herstellten. Diese wurden ebenso wie Felle, Salz, Bernstein und Häute auf den schon traditionellen Handelswegen nach Süd- und Westeuropa transportiert. Dafür gelangten Luxusgüter des Mittelmeerraumes in die alpinen Gebiete.

Ein weiteres wichtiges Handelsgut war das Salz, von dem es vor allem in Hallstatt (Oberösterreich) und in Dürrnberg bei Hallein (Salzburg) reiche Vorräte gab. Die Salzgewinnung ging bereits hoch technisiert vor sich, die Bergleute legten etwa in Hallstatt ein Stollennetz von fast vier Kilometern an, bis zu 390 Meter drangen sie in die Tiefe vor. Aufgrund der zahlreichen Funde im Salz lassen sich die Abbauvorgänge sehr genau rekonstruieren. Funde von Werkzeugen oder ledernen Tragtaschen erlauben eindeutige Aussagen über die Dimension dieses so wichtigen Wirtschaftszweiges. Salz war deshalb ein besonders wertvoller Rohstoff, weil es nicht nur zur Verfeinerung von Speisen benutzt wurde, sondern auch zur Konservierung von Lebensmitteln, vor allem von Fleisch und Fisch diente.

Der Hallstatt-Mensch erreichte kein hohes Lebensalter, wenn er mehr als zwanzig Jahre alt wurde, gehörte er zum Durchschnitt. Nur wenige ereichten ein höheres Alter als dreißig Jahre. Hauptursache hierfür war nicht die Ernährung, denn die gestalteten die Menschen bereits ausgewogen und vielfältig, sondern die verheerenden hygienischen Verhältnisse. Jede kleinste Erkrankung konnte zum Tode führen, viele Menschen waren von Parasiten befallen, die die Lebensdauer wesentlich verkürzten.

Trotzdem gab die Kultur der Salzhändler von Hallstatt der ganzen Epoche ihren Namen. Etwa seit der Mitte des 19. Jahrhunderts wurden in Hallstatt an die 3.000 Gräber freigelegt, die eine Fülle an Informationen der Forschung preisgaben. Der erste, der Grabungen in einem wissenschaftlich zu nennenden Stil betrieb, war der Salinendirektor Georg Ramsauer (1797–1864), der auf eigene Kosten ohne staatliche Zuschüsse – man dekorierte ihn lieber mit weitaus billigeren Orden – hunderte Gräber freilegte. Sie stammten fast alle aus dem Zeitraum zwischen 750 und 450 V. Chr. Schon

Ramsauer stellte zwei wesentliche Bestattungsarten fest, die sich auch durch die Art der Grabbeigaben unterschieden. Jüngste Forschungen wollen darin soziale Differenzierungen sehen und meinen, dass es in der Hallstattzeit drei Gesellschaftsschichten gegeben habe: Die Krieger- und Herrenschichte, die aber im Laufe der Entwicklung zusehends verarmte, die Klasse der Verwalter und Händler, die Reichtum anhäufte und schließlich die im Bergbau arbeitenden Knappen und alle sonstigen im Dienstleistungsbereich Tätigen. Die Dichte der Bevölkerung dürfte ziemlich hoch gewesen sein. Was sich unserer Kenntnis bis heute entzieht, ist, wie diese Salzherren gewohnt haben, denn Siedlungsreste wurden keine gefunden. Sichtlich brachte das „weiße Gold" aber Wohlstand auf Dauer, es machte unabhängig von Veränderungen, vor allem der Übergang von Bronze- auf Eisenverarbeitung minderte überhaupt nicht den Einfluss der Salzherren. Ihre Kultur verbreitete sich halbmondförmig, dem Alpenbogen folgend und erstreckte sich entlang der dalmatinischen Küste nach Süden. Insgesamt war es eine friedliche Epoche Europas.

Um die Wende des ersten Jahrtausends setzte in ganz Europa und im Vorderen Orient eine vermehrte Wanderbewegung ein. Durch die Wanderungsbewegungen gelangte auch die Kenntnis des Eisens in den mitteleuropäischen Raum. Die Menschen allerdings fühlten sich bedroht, zur Abwehr errichteten sie Befestigungsanlagen, wie sie etwa die Archäologen in Thunau am Kamp (Niederösterreich) freilegten.

Die vermehrte Nachfrage nach Eisenerzen führte zum Aufblühen der ostalpinen Regionen, wie der Steiermark und Kärntens. Die europäischen Handelsbeziehungen wurden damals durch die griechische Kolonisation in Südeuropa weiter intensiviert. Rohstoffe aus den Ländern des Nordens wurden gegen Gebrauchs- und Luxusgüter des Südens eingehandelt. Die enormen Distanzen legten die Händler inzwischen zu Pferd oder mit Wagen zurück, das Mittelmeer und die Flüsse wurden mit Flößen oder Schiffen befahren.

Über diese Handelswege – erwähnt sei namentlich die in Ostösterreich von Nord nach Süd verlaufende Bernsteinstraße – wurden nicht nur Güter ausgetauscht, sondern auch Kultur, rationelles Denken und verfeinerte Lebensart der Griechen gelangten in den mitteleuropäischen Raum. Diese kulturellen Veränderungen spiegeln sich deutlich in den Hallstätter oder Dürrnberger Grabfunden. Nun werden den Toten kostbare Gefäße, so genannte Situlen (= eimerförmige Metallgefäße) in die Gräber gelegt, die etwa mit Szenen aus dem Leben eines Edelmannes verziert waren. Die sehr reich verzierte „Situla von Kuffern“ zeigt z.B. in der Randleiste ein Wagenrennen und einen Boxkampf.

Für die „Salzbarone“ Hallstatts waren diese Kostbarkeiten Ausdruck ihres Reichtums. Im Osten Österreichs begrub man die vornehmen Toten in über Grabkammern hoch aufgeschichteten Grabhügeln. Sie waren so groß dimensioniert, dass darin sogar ein vierrädriger Karren Platz finden konnte. Weithin dominierten sie in der Landschaft und sind teils noch heute als solche erkennbar, wie etwa der Grabhügel von Großmugl bei Stockerau (Niederösterreich), der eine Höhe von 16 Metern erreicht. Aus einer derartigen Grabkammer stammt eines der bedeutendsten Kunstwerke der Hallstattzeit, der „Kultwagen von Strettweg“. Dieses etwa 50 Zentimeter lange bronzene Wagenmodell zeigt eine Menschengruppe, die sich um eine größere weibliche Figur sichtlich in kultischer Form schart.

Um etwa die Mitte des fünften vorchristlichen Jahrhunderts wanderte aus dem Gebiet von Hunsrück-Eifel im Westen Deutschlands das Volk der Kelten in unseren Raum ein. Warum sie sich auf Wanderschaft begaben, ist nicht feststellbar, jedenfalls dürften sie relativ friedlich im Alpenraum und auch im übrigen Europa Fuß gefasst haben. Am Höhepunkt seiner Ausbreitung erstreckte sich das keltische Siedlungsgebiet von Irland bis zum Schwarzen Meer, die verschiedenen Stämme entwickelten eine einheitliche Sprache und Kultur. Generell gaben sie sich viel martialischer als ihre als Illyrer bezeichneten Vorgänger, deren wirtschaftliche Ressourcen sie in ihre Gewalt brachten. Nun war nicht mehr Hallstatt das Zentrum der Salzgewinnung, sondern das wegen seiner verkehrsgünstigen Lage bevorzugte Dürrnberg bei Hallein. Die Kelten übernahmen den kulturellen Standard ihrer Vorgänger und reicherten ihn durch ein hoch stehendes und sehr zweckmäßiges Handwerk an. Die bisherige Herrscherkaste wurde offenbar von einer keltischen Kriegerhierarchie verdrängt, die sich der Kenntnisse der Waffenproduktion aus Eisen erfreute. Aus den Ländern jenseits der Alpen bezogen die Kelten Wissen über neue Siedlungsformen, in den alpinen Regionen entstanden nach südlichem Vorbild stadtartige Siedlungsballungen, die entsprechend zu verteidigen waren. Als Beispiele mögen die „oppida" (lat.: Städte) vom Magdalensberg (Kärnten), aber auch die nachgewiesenen Ansiedlungen am Wiener Kahlenberg, am Braunsberg bei Hainburg und am Oberleiser Berg (beide Niederösterreich) dienen. Von den mediterranen Völkern lernten die Kelten auch die Münzprägung und die Verwendung einer Schrift. Damit waren alle Voraussetzungen einer über das kleine regionale Maß hinausgehenden Staatsbildung gegeben. Die Schrift, von der Zeugnisse aus dem Altvenetischen und dem Lateinischen überliefert wurden, nutzten die Kelten vorwiegend für ihre Handelsgeschäfte. Im kultischen Bereich war die Schrift, wie Gaius Julius Caesar (100 V. Chr.–44 V. Chr.) berichtet, verboten. Beschleunigt wurde die Schaffung des später als „regnum Noricum" (norisches Königreich) bezeichneten Gebildes durch den zunehmenden Druck des römischen Reiches, aber auch durch die unruhigen Stämme der Germanen im Norden.

Dieses erste überregionale Gebilde auf österreichischem Boden dürfte sich um 170 V. Chr. gebildet haben. Der älteste überlieferte Name eines keltischen Herrschers lautet Cincibilus, über den der römische Schriftsteller Titus Livius (59 V. Chr.–17 n. Chr.) berichtet. Dieser offenbar sehr diplomatische König konnte sich geschickt zwischen Römern und den Völkerschaften im Norden behaupten. Mit den Römern stellte das regnum Noricum jedenfalls ein beständiges Verhältnis gegenseitiger Akzeptanz her, bei den Römern galten die Kelten jenseits der Alpen als Bundesgenossen („amici" – wörtlich: Freunde). Wie belastbar die Zusammenarbeit war, machte der Durchzug der Kimbern und Teutonen um 113 V. Chr. über keltisches Gebiet deutlich. Damals drangen römische Truppen in Verfolgung der beiden Völkerschaften auf norisches

Territorium vor, sie erlitten aber bei Noreia, einem norischen Oppidum, dessen genaue Lage bisher noch nicht geklärt werden konnte, eine Niederlage. Jedenfalls wurde diese norische Ansiedlung damals zerstört.

Das regnum Noricum, dessen Eisenlieferungen im ganzen römische Reich als Qualitätsprodukte bekannt waren, umfasste in seiner maximalen Ausdehnung um die Mitte des ersten vorchristlichen Jahrhunderts bis auf die heutigen Bundesländer Tirol und Vorarlberg das gesamte heutige österreichische Staatsgebiet. Das Verwaltungszentrum und der Handelsknotenpunkt mit dem Namen Virunum befanden sich auf dem Magdalensberg. Zum Namen Noricum besteht die interessante sprachwissenschaftliche Hypothese, dass sich dieser auf ein keltisch-gälisches Wort „nor", das so viel wie Osten bedeutet, zurückführen lässt. Dies könnte eine Namenskontinuität als „Ostreich" bis zur hochmittelalterlichen Bezeichnung „Ostarrîchi" bedeuten.

Schon die frühen norischen Herrscher nutzten Heiraten als Instrumente der Politik. So berichten antike Quellen, dass der norische König Voccio (†16 V. Chr.) seine Schwester an den germanischen Suebenfürsten Ariovist (101 V. Chr.–54 V. Chr.) verheiratet hatte. Römische Zivilisation und Kultur drangen unaufhaltsam nach Norden vor, es war eine friedliche Durchdringung. Im Zuge der Augusteischen Expansion im Jahre 15 V. Chr. trachtete das römische Imperium die Reichsgrenze weiter nach Norden zu verschieben, um die unruhigen germanischen Völkerschaften von Streifzügen in den oberitalienischen Raum fernzuhalten. Dabei wurde das regnum Noricum dem Römischen Imperium einverleibt, ein Übergang, der höchst friedvoll und von der Bevölkerung offensichtlich akzeptiert vor sich ging.

Die Römer an der Donau

6–476

6 Der spätere Kaiser Tiberius (42. v.–37 n. Chr.) leitet von Carnuntum aus einen Feldzug gegen die Markomannen. Ein Aufstand in Dalmatien verhindert die Fortsetzung des Feldzuges. Tiberius schließt daher mit dem Markomannenkönig Marbod (†37) einen Friedensvertrag.

8 Aus Teilen Illyriens und dem östlichen Teil Noricums entsteht die römische Provinz Pannonien, die u. a. Teile Ostösterreichs und Westungarns umfasst.

Um 10 Erste Germanensiedlungen entstehen nördlich der Donau im niederösterreichischen Weinviertel.

Um 15 Die römische Legion XV Apollinaris wird nach Carnuntum an der Donau verlegt, wo an der Kreuzung mit der Bernsteinstraße ein festes Lager angelegt wird.

18 Ein Aufstand zwingt den Markomannenkönig Marbod, Zuflucht bei den Römern zu suchen. Ihm wird Ravenna als Exilort zugewiesen.

Der römische Feldherr Drusus der Jüngere (15/12 v.–23 n. Chr.), Sohn des Tiberius, setzt den Quaden Vannius († nach 50) als König über das Gebiet zwischen March und Waag und dem Marchfeld ein.

Zwischen 41 und 54 Der römische Kaiser Claudius (10–54) erhebt das keltische Königreich Noricum zur römischen Provinz. Hauptstadt wird das auf dem Zollfeld gelegene Virunum. Es kommt zur Anlage von überregionalen Straßen wie der Via Claudia Augusta nach Augusta Vindelicum (Augsburg).

69 Im so genannten Vierkaiserjahr kommt es am Inn zu Kämpfen zwischen Truppen des Soldatenkaisers Vitellius (15–69) und denen Kaiser Vespasians (9–79).

69-79 Die Stadt Flavia Solva (Leibnitz) wird gegründet, sie erhält von Kaiser Vespasian das Stadtrecht. Es erfolgt der weitere militärische Ausbau der Donaugrenze.
In Vindobona (= Wien) wird ein Reiterregiment stationiert.

106 Die Provinz Pannonien wird geteilt in Pannonia superior mit der Hauptstadt Carnuntum und Pannonia inferior mit der Hauptstadt Aquincum (= Budapest).

Um 120 In Carnuntum wird die Legion XIV Gemina stationiert.

122 Kaiser Hadrian (76–138) besucht die Donauprovinzen. Die Städte Carnuntum, Ovilava (= Wels) und Cetium (= St. Pölten) werden zu Municipien erhoben.

166 Die Markomannen, unter der Führung des König Ballomarius, überschreiten die Donau. Den römischen Truppen gelingt es, die Markomannen wieder über die Donau zurückzudrängen und Ruhe herzustellen.

169/170 Im römischen Reich grassiert die Pest, ihr fällt auch der Mitregent Marc Aurels (120–180) Lucius Verus zum Opfer (†169).

172 Marc Aurel führt von Carnuntum aus einen offensiven Feldzug gegen die Markomannen.

11. Juni Dank des so genannten Regenwunders – ein plötzlich einsetzender Regenguss erfrischt die schon fast verdursteten Legionäre – erringen die Römer einen entscheidenden Sieg über die Markomannen. In der Folge werden jenseits der Donau römische Stützpunkte errichtet, etwa am Oberleiserberg.

177 Wieder fallen die Markomannen in Pannonien ein.

Winter 178/179 Kaiser Marc Aurel und sein Mitregent und Sohn Commodus (161–192) besichtigen die römischen Befestigungen am pannonischen Limes.

180 Nach dem Tod Kaiser Marc Aurels an der Pest in Sirmium, beendet sein Sohn Commodus den Krieg mit den Markomannen und diktiert ihnen einen Friedensschluss. Sie mussten ihre Waffen abliefern, Getreide an die Römer liefern und am linken

Donauufer einen acht Kilometer breiten Sicherheitsgürtel von jeder Besiedlung freihalten.

193 Die römischen Truppen unter der Führung der Legion XIV Gemina Martia Victrix rufen Septimius Severus (146–211), den Statthalter Oberpannoniens, in Carnuntum zum neuen Kaiser aus.

Beginn 3. Jh. Die Provinzstädte Carnuntum und Ovilava werden wegen drohender Angriffe der Alamannen mit einer Stadtmauer umgeben.

212/213 Kaiser Caracalla (186–217) erlässt die so genannte Constitutio Antoniniana (= Grundgesetz), mit der alle freien Bewohner des Römischen Reiches das Bürgerrecht erlangen.

233 Die Alamannen überschreiten in Raetium den Limes und verwüsten die Grenzprovinzen.

235 Auch pannonische Truppen rufen den aus Thrakien stammenden Gaius Julius Verus Maximinus (173–238) in Mogontiacum (= Mainz) zum Kaiser aus.

236 Der neue Kaiser Maximinus Thrax zieht donauabwärts durch Noricum nach Unterpannonien, von wo aus er gegen die Jazygen kämpft.

249 Gaius Messius Quintus Decius (um 190–251), aus Unterpannonien stammend und erfolgreicher Heerführer im Kampf gegen die Goten, wird von den Truppen zum Kaiser ausgerufen.

Um 250 Die Via Decia, eine Militärstraße, wird zwischen Veldidena (= Wilten) und Brigantium (= Bregenz) zum Schutz der Limesgrenze errichtet.

250 Mit der Aufforderung an alle Bürger des Römischen Reiches, den Staatsgöttern zu opfern, leitet Kaiser Decius eine allgemeine Christenverfolgung ein, der als erster ein Bischof in Rom zu Opfer fiel. Zahlreiche Christen erlitten den Märtyrertod.

253 Der raetische Statthalter Publius Licinius Valerianus (†260) wird zum Kaiser ausgerufen. Er nimmt die Christenverfolgungen wieder auf.

254 Die Markomannen fallen in Pannonien und die Alamannen in Raetien ein.

259/260 Der grenznahe Bereich Raetiens muss wegen ständiger Einfälle der Alamannen geräumt werden. Die verängstigte Bevölkerung zieht sich daraufhin in befestigte Höhensiedlungen zurück.

Um 260 Regalianus lässt sich in Carnuntum zum Gegenkaiser ausrufen und kann sich einige Monate an der Macht halten. Er lässt auch Münzen prägen.

Nach 260 Die in Carnuntum stehende Reitereinheit wird im Zuge der Heeresreform des Gallienus (218–268) abgezogen und das Reiterkastell aufgegeben.

271 Die vereinten Heere der Alamannen, Markomannen und Juthungen, die über Noricum und Raetien nach Oberitalien eingedrungen sind, werden von Kaiser Aurelian (215–275) in der Schlacht bei Pavia vernichtend zurückgeschlagen.

275 Eine neuerliche Angriffswelle der Alamannen und Markomannen richtete sich vor allem gegen Raetien und Noricum.

277 Dem neuen Kaiser Probus (232–282) gelingt es, die Alamannen und Markomannen in ihre früheren Siedlungsgebiete zurückzudrängen. Allerdings sind dorthin bereits Burgunder und Vandalen nachgerückt.

Um 280 Kaiser Probus befestigt wieder die Donaugrenze. Ob er auch als Begründer des Weinbaues in Österreich anzusehen ist, konnte noch nicht restlos geklärt werden.

283 Die Provinzen Raetien und Noricum werden Schauplatz der Auseinandersetzungen der verschiedenen Thronanwärter.

293 Unter Kaiser Diokletian (um 243-313/316) wird das Römische Imperium in vier Verwaltungseinheiten (Tetrarchie) aufgeteilt, die von Diokletian und drei weiteren Caesaren administriert werden. Der Verwalter für Noricum und Pannonien ist Galerius, Raetien untersteht Maximianus.

303 Kaiser Diokletian, ein überzeugter Anhänger der alten Götter, erlässt ein Edikt zur Verfolgung der Christen.

304 In Lauriacum (= Lorch) wird der Beamte Florianus, der sich offen zum Christentum bekennt, in der Enns ertränkt.

308 Diokletian, der sich 305 krankheitsbedingt von der Macht zurückgezogen hat, beruft nach Carnuntum eine Versammlung der streitenden Tetrarchen ein, um die Macht neu zu ordnen. Die Konferenz bleibt ohne Ergebnis. Maxentius erobert in der Folge Raetien und Pannonien.

313 Constantin (um 285–337), der sich als Kaiser durchgesetzt hat, erlässt das Mailänder Edikt, das ausdrücklich die Ausübung des christlichen Glaubens gestattet. In den folgenden Jahren beginnt der Aufbau einer Kirchenorganisation, Bischöfe dürfen Recht sprechen und die Kirche darf Erbschaften annehmen.

361–363 Unter der Herrschaft von Kaiser Julian (331–363) kommt es wieder zu einem Aufleben der antiken Kulte.

374 Kaiser Valentinian (321–375), der in Pannonien geboren wurde, schlägt auf seinem Feldzug gegen die Alamannen sein Hauptquartier in Carnuntum auf, das nach Aussage zeitgenössischer Historiographen damals bereits zerstört war. Ursache könnte ein Erdbeben um die Jahrhundertmitte gewesen sein.

377/378 Kaiser Gratian (359–383) schließt mit den Alamannen, die wieder einmal die Grenze zu Raetien mit mindestens 40.000 Man überschritten haben, einen Friedensvertrag. Alamannische Truppen werden ins römische Heer aufgenommen.

379 Die Westgoten überschreiten die pannonische Grenze, doch Kaiser Gratian gelingt es, sie zurückzudrängen.

380 Ein kaiserliches Edikt hält fest, dass im Römischen Reich nur der christliche Glaube, so wie ihn das Konzil von Nicäa von 325 beschlossen hat, gestattet ist. Abweichende Sekten wie der Arianismus werden damit rechtlos.

382 Kaiser Gratian schließt mit den Westgoten einen Vertrag (lat. foedus), der ihnen die Ansiedlung im pannonischen Grenzgebiet gestattet, sie aber zum Kriegsdienst verpflichtet. Dies ermöglicht ihnen eine Karriere im römischen Heer.

Ende 4. Jh. Immer wieder kommt es zu Einfällen der Alamannen auf raetisches Gebiet, sie plündern massiv.

395 Der Vandale Flavius Stilicho (um 360–408), Heermeister des Weströmischen Reiches, besiegt die eingefallenen Markomannen.

396 und 398 Flavius Stilicho schließt mit den Alamannen einen Vertrag, der ihnen die Ansiedlung auf römischem Gebiet gegen die Leistung von Kriegsdienst gestattet.

401 Die verbündeten Vandalen und Alamannen fallen in Noricum und Raetien ein. Heermeister Stilicho kann sie wohl besiegen, muss sie aber als Foederaten, d. h. Ansiedler auf Grund eines Vertrages in Noricum akzeptieren. Es kommt zu dieser Zeit zu einer deutlichen Trennung zwischen festen Städten und dem flachen Land. Auf dem Land siedeln die Goten, die zumeist Arianer sind. In den Städten leben die Romanen, die meist orthodox-christlich sind.

405 Der ostgotische König Radagais überfällt mit seinen Truppen Raetien, sein Vormarsch kann erst auf der Höhe von Florenz gestoppt werden. Radagais wurde hingerichtet.

408 Der Heermeister und Regent für den noch minderjährigen Honorius (384–423) Stilicho wird in Ravenna im Auftrag des römischen Senats wegen angeblicher Parteinahme für die Germanen ermordet. Der Vandale Stilicho stammte aus Pannonien und war mit einer Nichte des Kaisers Theodosius I. (347–395) verheiratet.

408/409 Der Gotenkönig Alarich (370–410) unternimmt einen Angriff auf das Römische Reich, seinen Stützpunkt wählt er in Noricum. Er fordert von Kaiser Honorius einen Vertrag mit Ansiedlungsrecht und weiteren Vergünstigungen, was dieser ablehnt. Daraufhin zieht Alarich nach Rom; er wird erst durch Übergabe einer reichen Beute zum Abzug bewegt. Kaiser Honorius setzt den Germanen Generidus als Verteidiger der Nordgrenze ein.

428 Juthungen fallen in Noricum und Raetien ein. Auf Grund der schlechten wirtschaftlichen Lage schließen sich die Einwohner der beiden Provinzen diesem Raubzug an. Der römische Heermeister Aëtius (um 390–454) selbst tritt ihnen entgegen und vertreibt die Juthungen bis 431. Was mit den rebellantes (= aufständische Provinzbewohner) geschah, ist unbekannt.

433 Aëtius tritt Pannonien an die Hunnen, die dort Markomannen ansiedeln, ab.

449 Eine Gesandtschaft des Weströmischen Reiches, der drei Vertreter aus Noricum angehören, begibt sich an den Hof des Hunnenkönigs Attila (um 410–453), um mit ihm zu verhandeln. Anlass war ein Einfall der unter hunnischem Kommando stehenden Völkerschaften in die Donauprovinzen.

451 Als die Hunnen aus der ungarischen Tiefebene nach Frankreich ziehen, nehmen sie einen Weg nördlich der Donau, die rechts der Donau liegenden Provinzen Raetien und Noricum bleiben verschont.

454 Nach der Ermordung des Aëtius gerät Raetien immer mehr unter den Einfluss der Alamannen.

454/455 Nach der Schlacht am Nedao (Fluss in Pannonien?) entsteht östlich des Gebietes der Rugier ein Herulerreich.

455 Der Versuch des neuen Kaisers Avitus (456 abgedankt), Pannonien zurück zu gewinnen, scheitert.

Um 460 Der hl. Severin († 482) beginnt in Ufernoricum mit seiner seelsorgerischen Tätigkeit.

468 Dem weströmischen Heermeister Rikimer († 472) gelingt die Vertreibung der Goten aus Noricum.

470 Der hl. Severin prophezeiht dem skirischen Fürsten Odoaker (um 430–493), der den Heiligen aufsucht, eine große Zukunft.

476 Die mit Rom verbündeten Völkerschaften fordern ein Drittel des italienischen Bodens für sich. Als diese Forderung abgelehnt wird, wählen sie Odoaker zu ihrem König. Der Heermeister Orestes († 476) wird getötet, sein minderjähriger Sohn, Romulus Augustulus (459 -?), der inzwischen König geworden ist, wird auf ein Landgut bei Neapel verbannt. Damit geht das Weströmische Kaisertum zu Ende.

Völkerwanderung und Karolingische Mark

480–975

Um 480 Die Heruler überfallen das Donaukastell Ioviaco (= Aschach) nördlich von Linz.

482 8. Jänner In Favianis (= Mautern) stirbt der schon zu Lebzeiten als Heiliger verehrte Severin. Neuerlich plündern die Rugier Ufernoricum.

487 Odoaker zerschlägt in zwei Feldzügen das Rugierreich, dessen König Feletheus wird ermordet, das frei werdende Territorium den Langobarden übergeben.

488 Odoaker fordert die romanischen Bewohner Ufernoricums auf, die Provinz zu räumen und nach Süden zu ziehen. Mit der Organisation dieser Operation betraut er seinen Bruder Hunwulf.

493 Der Ostgote Theoderich (um 453–526) ermordet in Ravenna seinen Mitregenten Odoaker. Theoderich gibt den Anspruch auf Raetien und Noricum nicht auf.

Um 505 Die Langobarden überschreiten erstmals die Donau und besetzen das Tullnerfeld.

508 Der Langobardenkönig Tato besiegt im niederösterreichischen Marchfeld die Heruler.

511 Eugippius († um 530), Abt des Klosters Castellum Lucullanum bei Neapel, der zur Zeit des hl. Severin in Ufernoricum weilte, verfasst die Vita Severini (= Lebensbeschreibung des hl. Severin), die ein sehr detailliertes Bild der Geschichte Noricums um diese Zeit vermittelt.

Nach 526 Der langobardische König Wacho (510–540) schließt ein Bündnis mit Byzanz, um sich Ufernoricum und Pannonien zu sichern.

536 Der Ostgotenkönig Wittigis I. († 541?) tritt das Alpengebiet an den Frankenherrscher Theudebert I. (533–547/48) ab.

548 Das Oströmische Reich tritt Gebiete in Noricum an die Langobarden ab. Durch die Ansiedlung der Langobarden sollen die von Nordwesten eindringenden Franken im Zaum gehalten werden.

568 Die Langobarden unter König Alboin (560/61–568/572) geben unter dem Druck der Awaren Pannonien auf, sie ziehen nach dem Süden. Ein Vertrag sichert den Langobarden für 200 Jahre das Rückkehrrecht und Waffenhilfe der Awaren in Italien.

592 Der Bayernherzog Tassilo I. (592–610) erringt vermutlich im Drautal einen Sieg über die nach Westen vordringenden Slawen, Binnennoricum allerdings bleibt in deren Besitz.

610 Die Bayern erleiden gegen die Slawen bei Aguntum (= Lienz) eine Niederlage, die Stadt wird zerstört. Damit setzt eine flächendeckende Landnahme der Slawen ein.

611 Der irische Mönch Columban (um 543–615), aus Luxeuil vertrieben, kommt als Prediger nach Bregenz, er verlässt die Stadt nach einem Jahr und geht ostwärts.

612/615 Der hl. Columban beginnt mit der Missionierung der Alpenslawen.

626/628 Der möglicherweise aus Karantanien stammende Kaufmannssohn Samo († um 660) gründet ein Reich, dessen südliche Ausläufer möglicherweise auf niederösterreichischem Gebiet liegen.

Nach 660 Das von Samo gegründete Mährische Reich zerfällt nach seinem Tode.

696 Bischof Rupert (um 650–716?), der vom Bayernherzog Theodo (vor 696–717/718) reichlich mit Grundbesitz ausgestattet wird, gründet in Salzburg das Benediktinerkloster St. Peter.

Um 700 Die Missionierung des Alpenraumes nimmt von Salzburg ihren Ausgang.

Um 712 Rupert gründet das Frauenkloster Nonnberg, seine Nichte Erintrudis wird erste Äbtissin.

719 Der Angelsachse Bonifatius (672/673–754), mit einer päpstlichen Missionsvollmacht für die heidnischen Germanen ausgestattet, kommt nach Bayern.

739 Bonifatius gründet das Bistum Salzburg.

730 Nach dem Tod des alamannischen Herzogs Lantfrid I. (709–730) gelangt sein Herrschaftsbereich unter die Kontrolle des Karolingers Karl Martell (714–741), der das Gebiet an seinen Sohn Karlmann (741–747) vererbt.

744/46 Die Alamannen erheben sich gegen die karolingische Herrschaft.

746/747 Der Ire Virgil (um 700–784), aus Bayern nach Salzburg entsandt, wird Bischof.

Vor 748 Der Bayernherzog Odilo (†748) gründet das Kloster Mondsee.

769–772 Die heidnischen Karantanen erheben sich gegen die christliche Missionierung.

772 Der Bayernherzog Tassilo III. (um 741 – nach 794) schlägt einen Aufstand der Karantanen nieder, sie geraten daraufhin unter bayerische Oberhoheit.

774 24. September Bischof Virgil weiht in Salzburg eine Kirche zu Ehren des hl. Rupert, dessen Gebeine aus seinem Sterbeort Worms nach Salzburg überführt worden sind.

777 Der Bayernherzog Tassilo III. gründet das Benediktinerstift Kremsmünster in Oberösterreich. Einer der Urkundenzeugen ist Bischof Virgil von Salzburg. Der Tassilokelch, aus dem Besitz des Herzogs und möglicherweise seit der Gründung von Kremsmünster im Besitz des Klosters, ist eine Salzburger Goldschmiedearbeit.

784 27. November Bischof Virgil von Salzburg stirbt. (Er wird am 18. Juni 1233 heilig gesprochen).

• **788** Der fränkische König Karl I. (747–817) setzt den Bayernherzog Tassilo III. ab, da er mit den Awaren konspiriert hat. Zunächst zum Tode verurteilt, wird Tassilo III. zu lebenslanger Klosterhaft begnadigt. Die gesamte bayerische Herrscherfamilie der Agilolfinger wird für die Zukunft von der Herrschaft in Bayern ausgeschlossen.

791 Die Awaren fallen in Bayern und im Friaul ein, sie werden von Pippin († 810), dem Sohn Karls I., im niederösterreichischen Donauraum besiegt.

798 20. April Das Bistum Salzburg wird zum Erzbistum erhoben, ihm unterstellt werden die Bistümer Regensburg, Passau, Freising und Säben. Erster Erzbischof wird Arno (785–821).

799 Auf römischen Fundamenten wird in Linz die noch erhaltene Martinskirche, ein frühkarolingisches Bauwerk, errichtet.

Um 800 In der Salzburger Schreibstube wird das Evangeliar des angelsächsischen Mönchs Cutbrecht geschrieben und farbig illustriert.

903/906 Die Raffelstettener Zollordnung wird erlassen, sie regelt den Warenverkehr und die Abgaben in und aus dem Traungau.

907 4. Juli Ein bayerisches Heer unter Markgraf Luitpold von Bayern unterliegt bei Pressburg gegen die Magyaren. Er selbst fällt in der Schlacht, auch Erzbischof Dietmar von Salzburg und die Bischöfe von Säben und Freising. Damit fällt das gesamte Gebiet der Karolingischen Mark bis zur Enns an die Magyaren.

913 Nach einem Sieg über die Magyaren bei Passau schließt Herzog Arnulf von Bayern († 937) einen Vertrag mit den Magyaren, dass sie in Zukunft Bayern mit ihren Raubzügen verschonen wollten.

Um 920 Die Magyaren setzen im Gebiet zwischen Enns und Traisen einen Lehensgrafen ein, der seinen Amtssitz in Pöchlarn an der Donau hat.

924 König Heinrich I. (876–936) schließt mit den Magyaren einen Waffenstillstand.

940 8. Juni König Otto I. (912–973) bestätigt dem Erzbistum Salzburg alle Rechte „in auro et sale“ (= auf Gold und Salz). Es wurde Gold aus Flusssand gewonnen.

943 August Herzog Berthold von Bayern († 947) besiegt die Magyaren bei Wels.

951 König Otto I. überschreitet auf seiner Italienfahrt den Brennerpass.

955 10. August König Otto I. besiegt die Magyaren vernichtend in der Schlacht auf dem Lechfeld bei Augsburg. Es entsteht auf österreichischem Boden die Ottonische Mark zwischen Enns und Traisen.

958 Wegen Teilnahme an einer Verschwörung gegen König Otto I. wird Erzbischof Herold von Salzburg (939–958) abgesetzt und geblendet.

975 Im Aufstand des Bayernherzogs Heinrich II., genannt der Zänker (951–995), gegen Kaiser Otto II. (973–983) schließt sich Markgraf Burkhard (nach 926–981) von der Ottonischen Mark dem Aufstand an. Er wird seines Amtes enthoben.

Babenbergerherrschaft und Interregnum

976–1278

976 Kaiser Otto II. belehnt Heinrich, Sohn Bertholds von Bayern (938–947), mit dem Herzogtum Kärnten. Das Gebiet des neuen Herzogtums umfasst Süd- und Südostteile Bayerns, sowie Karantanien, Friaul, Verona, Istrien und Krain, Marburg, Pettau und Cilli. Ziel dieser Belehnung ist eine Machtreduzierung für Herzog Heinrich II., den Zänker.

21. Juli Kaiser Otto II. belehnt den aus Bayern stammenden mainfränkischen Grafen Leopold I. (976–994) mit der „marcha orientalis", der bayrischen Mark im Osten. Leopold I., ein Gefolgsmann Ottos II., ist damit der erste Babenberger. Der Name wurde jedoch erst von Otto von Freising (1111/12–1158), dem Geschichtsschreiber des 12. Jh., geprägt. Erste Residenz ist vermutlich Pöchlarn an der Donau.

22. Juli Kaiser Otto II. bestätigt Pilgrim von Passau (971–991) Eigentum und Immunität der Klöster St. Florian, Kremsmünster und St. Pölten.

Um 980 Am Zusammenfluss von Enns und Steyr wird die Stiraburg errichtet, von der sich der Name Steiermark ableitet.

991 Einen Einfall der Ungarn in die Babenbergermark schlägt Leopold I. mit Hilfe von Heinrich II., dem Zänker, zurück und erweitert sein Herrschaftsgebiet bis Schwechat und Triesting.

994 Markgraf Heinrich I. (994–1018) folgt seinem Vater Leopold I., der bei einem Turnier tödlich verletzt worden war.

995 Nach dem Tod des Bayernherzogs Heinrich II. wird das Herzogtum Kärnten endgültig aus dem bayrischen Herrschaftsbereich herausgelöst.

996 1. November In einer Schenkungsurkunde von Kaiser Otto III. (980–1002) an die Kirche von Freising wird erstmals der Name „ostarrîchi“ erwähnt.

1002 Sommer (?) König Heinrich II. (973–1024) schenkt Erzbischof Hartwig von Salzburg Mauterndorf im Lungau, die erste Zollstätte im Ostalpenbereich.

1007 Der deutsche König Heinrich II. schenkt Bischof Egilbert von Freising (1005–1039) das Gebiet von Oberwölz in der Steiermark.

1012 Nach dem Tod Herzogs Konrad I. von Kärnten (1004–1011) verleiht König Heinrich II. das Herzogtum an Adalbero von Eppenstein (980–1039).

17. Juli Bei Stockerau in Niederösterreich wird der irische Palästinapilger Koloman als mährischer Spion gefangen genommen und gehängt. Der Legende nach ereigneten sich nach seinem Tod einige Wunder, worauf seine Gebeine nach Melk überführt wurden. Die Gläubigen verehrten ihn als Märtyrer.

1014 Das Bistum Passau beginnt mit dem Aufbau einer Pfarrorganisation in der Babenbergermark.

1015 Durch Feldzüge gegen Mähren dehnt Markgraf Heinrich I. sein Herrschaftsgebiet bis an die Thaya aus.

1018 Nach dem Tod von Markgraf Heinrich I. folgt ihm sein Bruder Adalbert (der Siegreiche, 990–1055) als neuer Markgraf.

1020 Kaiser Heinrich II. stellt dem Benediktinerstift Göß ein Diplom aus, es trägt die älteste erhaltene Goldbulle.

1026 Papst Johannes XIX. (1024–1032) verleiht dem Salzburger Erzbischof Dietmar II. (1025–1041) das Recht, sich ein Kreuz vorantragen zu lassen und auf einem Pferd mit roter Decke zu reiten. Es sind dies üblicherweise nur Privilegien des Papstes.

1027 In Tirol erhebt sich der begüterte Graf Welf gegen König Konrad II., der sich zu dieser Zeit auf dem Zug nach Rom befindet.

31. Mai Nach seiner Rückkehr aus Rom, wo er vom Papst zum Kaiser gekrönt wurde, verleiht Konrad II. Grafschaften im Inn- und Eisacktal, den Vintschgau und die Grafschaften Bozen und Tirol an die Bischöfe von Brixen und Trient, um dadurch den Weg nach Italien zu sichern.

Im Zwist zwischen Kaiser Konrad II. und seinem Schwiegersohn Herzog Ernst von Schwaben (um 1010–1030) stellt sich Markgraf Adalbert auf die Seite des Schwaben.

1030 Bei Wien („zu Vienni") kommt es zu einer Auseinandersetzung zwischen den Truppen Kaiser Konrads II. und einem Heer Stephans I. (um 975–1038) von Ungarn. Konrads Truppen werden völlig aufgerieben, ihm selbst gelingt jedoch die Flucht.

1031 Kaiser Konrad II. schließt mit den Ungarn Frieden, er muss dabei das Gebiet zwischen Fischa, Donau und Leitha an die Ungarn abtreten.

1035 Auf dem Hoftag zu Bamberg setzt Kaiser Konrad II. den Kärntner Herzog Adalbero von Eppenstein (†1039) wegen angeblicher hochverräterischer Verbindungen zu Kroatien ab. Er spaltete vom Herzogtum die Kärntner Mark ab und verleiht sie an Arnold von Lambach-Wels.

Der Babenberger Adalbert wird von Kaiser Konrad II. mit 50 Königshufen im Gebiet zwischen Piesting und Triesting beschenkt.

Um 1040 Markgraf Adalbert stiftet dem Benediktinerstift Melk das so genannte Melker Kreuz, das einen Kreuzpartikel enthält.

1043 Ungarn muss die 1031 erhaltenen Gebiete zwischen Donau, Fischa und Leitha zurückgeben. Dieses Gebiet wird als „Ungarische Mark" bezeichnet". Vermutlich mehrere Jahre zuvor wurde bereits die „Böhmische Mark" zwischen dem Buchberg und der Thaya im nördlichen Niederösterreich gebildet.

9. Dezember Leopold, Sohn von Markgraf Adalbert, wird zum Markgrafen der Ungarischen Mark ernannt, stirbt aber bereits wenige Tage später.

1045 Anlässlich eines Heereszuges nach Ungarn hält sich König Heinrich III. (1017–1056) auf der Burg Persenbeug auf. Beim Festmahl stürzt der Rittersaal ein, zahlreiche Adelige werden getötet, der König erleidet nur leichte Verletzungen.

29. Juni (?) Hemma, Gräfin von Friesach-Zeltschach (*um 983), stirbt. Nach ihrem Tode gehen ihre Besitzungen in Kärnten, Krain und der Steiermark an die beiden Benediktinerklöster Gurk und Admont.

1047 7. Juni Welf III. († 1055) wird Herzog von Kärnten.

Um 1050 Otokar von Traungau (1050–1075) wird Markgraf der Kärntner Mark. Hauptsitz des Traungauers ist die Stiraburg.

1051 Kaiser Heinrich III. zieht gegen die Ungarn ins Feld, im Oktober hält er sich in Hainburg auf.

1052 Kaiser Heinrich III. belagert das ungarische Preßburg.

1055 26. Mai Nach dem Tod von Adalbert wird Ernst (der Tapfere, 1025/1028–1075) Markgraf in Österreich.

13. September Nach dem Tod Herzog Welfs III. bleibt das Kärntner Herzogtum für mehr als ein Jahr verwaist.

1056 Adalbero von Wels-Lambach (1045–1090), Bischof von Würzburg und der letzte seines Geschlechts, gründete auf seinen Besitztümern die Benediktinerabtei Lambach.

25. Dezember Konrad III. († 1061) wird Herzog von Kärnten.

1058 Kaiserinwitwe Agnes von Poitou (1025–1077) verzichtet bei einem Treffen mit König Andreas I. († 1061) von Ungarn auf dem Marchfeld in Niederösterreich für ihren minderjährigen Sohn, den späteren Heinrich IV. (1050–1106), auf die Oberhoheit über Ungarn.

König Heinrich IV. verleiht Markgraf Ernst die markgräflichen Rechte in der Neumark (Gebiet zwischen Fischa und Leitha südlich der Donau).

11. Oktober König Heinrich IV. schenkt seiner Mutter Agnes von Poitou eine Marienkirche – vermutlich jene von Deutsch-Altenburg – samt Umland.

1061 Berthold von Zähringen († 1078) wird Herzog von Kärnten.

1063 Markgraf Ernst der Tapfere vereinigt die Ungarische und die Böhmische Mark mit der Mark an der Donau. In den folgenden Jahren wird das Waldviertel vom Süden und Osten her besiedelt.

1067 Die Neumark wird endgültig der Babenberger Mark einverleibt.

1070 Papst Alexander II. (1061–1073) gestattet dem Salzburger Erzbischof Gebhard (1060–1088) die Gründung des Bistums Gurk in Kärnten.

1075 9. Juni Markgraf Ernst der Tapfere fällt als Gefolgsmann König Heinrichs IV. in der Schlacht bei Homburg, die dieser siegreich gegen aufständische Fürsten geschlagen hat.

10. Juni Leopold II. (der Schöne, 1055–1095) folgt seinem Vater in der Markgrafschaft in Österreich.

1077 Luitpold von Eppenstein wird nach Absetzung Bertholds von Zähringen, der die Alpenpässe für den Kaiser gesperrt hatte, neuer Herzog in Kärnten.

Erzbischof Gebhard von Salzburg lässt die Feste Hohensalzburg und die Burgen Werfen und Friesach errichten.

1081 Juli Auf einer Versammlung seiner Ministerialen in Tulln sagt sich Markgraf Leopold II., einer Empfehlung des papsttreuen Bischofs Altmann von Passau (1015–1091) folgend, öffentlich von König Heinrich IV. los. Daraufhin entzieht ihm König Heinrich die Markgrafenwürde und übergibt sie an Wratislaw II. von Böhmen (1061–1092).

1082 12. Mai Markgraf Leopold II. unterliegt in der Schlacht bei Mailberg dem Heer Herzog Wratislaws II. Trotz dieser Niederlage, nach der auch die Region um Mailberg schwer verwüstet wird, kann sich Leopold II. in der Markgrafschaft behaupten.

1083 Bischof Altmann von Passau gründet das Augustiner Chorherrenstift Göttweig.

1084 Markgraf Leopold II. unterwirft sich König Heinrich IV., daraufhin wird er wieder im Amt bestätigt.

1089 Die Kanonie Melk wird in ein Benediktinerkloster umgewandelt.

Die Babenberger Residenz wird von Melk nach Gars am Kamp verlegt.

1091 Graf Engelbert von Spanheim († 1096) gründet das Benediktinerkloster St. Paul im Lavanttal.

1095 12. Oktober Leopold III. (im 15. Jh. heilig gesprochen, 1075–1136) übernimmt nach dem Tod seines Vaters die Markgrafschaft Österreich.

1105 Nachdem König Heinrich V. (1086–1125) seinen Vater Kaiser Heinrich IV. gefangen gesetzt hat, ergreift Markgraf Leopold III. von Österreich für Heinrich V. Partei. Auch er setzt sich für einen Friedensschluss mit dem Papsttum ein.

1106 August (?) Markgraf Leopold III. heiratet Agnes (1072–1143), Tochter des inzwischen verstorbenen Kaisers Heinrich IV. und Witwe Herzog Friedrichs von Hohenstaufen (1079–1105). Sie bringt eine reiche Mitgift in die Ehe. Diese Verbindung steigert das Ansehen der Babenberger im Reich. Markgraf Leopold III. verlegt seine Residenz von Tulln nach Klosterneuburg, wo der Markgraf auch ein Kollegiatstift gründet.

1108 Kaiser Heinrich V., auf einem Feldzug nach Ungarn in Österreich sich aufhaltend, übergibt seinem Schwager Leopold III. alle noch in der Markgrafschaft direkt dem Reich unterstehenden Güter und Rechte.

1112 11. Mai Udaschalk Graf von Stille und Heft gründet das Benediktinerstift Seitenstetten und stattet es mit einer Güterdonation aus.

König Stephan II. (1101–1131) von Ungarn unternimmt Raubzüge nach Niederösterreich, die Markgraf Leopold III. seinerseits mit Einfällen in Ungarn beantwortet.

1114 12. Juni Markgraf Leopold III. legt den Grundstein für die Stiftskirche von Klosterneuburg. Eine Legende des 14. Jh. verband diese Gründung mit der Auffindung eines Schleiers seiner Gemahlin Agnes.

1115 Im Benediktinerstift Göttweig wird mit der Aufzeichnung von Annalen begonnen.

1118 Markgraf Leopold III. startet nach einem neuerlichen Einfall der Ungarn einen Vergeltungsfeldzug gegen König

Stephan II. Das Gebiet um die heutige Stadt Eisenstadt wird verwüstet.

1119 25. Dezember Markgraf Leopold III., zahlreiche Adelige und die Bischöfe von Freising und Passau, regeln auf einer Versammlung in Melk die kirchlichen Besitzrechte der Klöster und Pfarren in Niederösterreich.

1120 (?) Bei Spital am Pyhrn in Oberösterreich entsteht an der alten Römerstraße ein Hospiz. Der Ortsname leitet sich davon ab.

Markgraf Leopold I., der Starke (1122–1129) von Steier errichtet in Hartberg in der Steiermark eine Pfalz. Er leitet damit ein groß angelegtes Besiedlungswerk ein.

1122 Erzbischof Konrad I. von Salzburg (1075–1147) gibt dem Salzburger Domkapitel eine neue Organisation in Form einer klösterlichen Verfassung. Sie behält bis 1514 ihre Gültigkeit.

Herzog Heinrich III. von Kärnten (1090–1122) stirbt ohne Nachkommen. Sein Herzogtum fällt an seinen Neffen Herzog Heinrich IV. von Spanheim (1122–1123).

1123 In Stift Melk beginnen die Mönche mit der Aufzeichnung von Annalen.

1125 Markgraf Leopold III. übernimmt die Herrschaft in der Stadt Wien.

30. August Bei der Königswahl in Mainz, die nach dem Tod Kaiser Heinrich V. stattfindet, lehnt Markgraf Leopold III., im Hinblick auf sein Alter, eine Kandidatur ab, er unterstützt die Wahl des Sachsenherzogs Lothar von Supplinburg (1075–1137).

1129 Ottokar III. von Traungau († 1164) wird Markgraf der Steiermark.

1130 (?) Auf dem Grazer Schlossberg wird eine Burg erbaut.

1133 Markgraf Leopold III. übergibt Stift Klosterneuburg den regulierten Augustiner Chorherren.

11. September Markgraf Leopold III. gründet Stift Heiligenkreuz. Die Namen gebende Reliquie gelangt erst 1188 in das Stift.

1136 Markgraf Leopold III. gründet das Benediktinerstift Kleinmariazell.

15. November Markgraf Leopold III. stirbt vermutlich bei einem Jagdunfall im Alter von 61 Jahren. 1485 wird er vom Papst heilig gesprochen, 1663 von Kaiser Leopold I. (1640–1705) zum Landespatron Niederösterreichs erklärt. Sein Nachfolger wird Markgraf Leopold IV. (✝ 1141), wobei die älteren Brüder Adalbert (1104/05–1138) und Heinrich (1114–1177) übergangen werden. Adalbert übte bereits seit Jahren die Funktion eines Vogts aus, Heinrich, ein Sohn der Agnes, wurde 1140 Pfalzgraf bei Rhein, um die Reichsinteressen der Familie wahrzunehmen.

1137 Erstmals wird Wien civitas = Stadt genannt. Vermutlich wird St. Stephan statt St. Peter zur Pfarrkirche erhoben.

31. Dezember Hadamar I. von Kuenring (✝ 1138) gründet das Zisterzienserstift Zwettl in Niederösterreich.

1139 Mai Markgraf Leopold IV. wird von König Konrad III. (1093–1152), seinem Halbbruder, mit dem Herzogtum Bayern belehnt. Diese Belehnung erfolgt im Zuge der Auseinandersetzung zwischen dem Stauferkönig Konrad III. und dem Welfenherzog Heinrich dem Stolzen (1108–1139). Nach dem Tod des Welfenherzogs im selben Jahr, kommt es in Bayern zu Unruhen gegen die Babenberger.

1140 Der Babenberger Heinrich, später Jasomirgott genannt, wird mit der Pfalzgrafschaft bei Rhein belehnt.

1141 Otto von Wittelsbach (✝ 1209) verschwört sich gegen regierenden Bayernherzog, den Babenberger Leopold IV. (1136–1141). Letzterer kann den Aufstand niederschlagen, stirbt aber bald darauf im bayerischen Kloster Niederaltaich.

18. Oktober Nach dem Tod seines Bruders tritt Heinrich II. seine Nachfolge in der Markgrafschaft Österreich an. Dafür muss er auf die Pfalzgrafschaft bei Rhein verzichten, die salischen Hausgüter seiner Mutter Agnes an die Stauferfamilie abtreten. Das Herzogtum Bayern wird von König Konrad III. in Reichsverwahrung genommen.

1143 In Salzburg wird der Bau einer Wasserleitung durch den Mönchsberg beendet.

Jänner König Konrad III. belehnt den Babenberger Heinrich II., der mit einer Welfentochter vermählt ist, mit dem Herzogtum Bayern. Doch nach dem Tod der welfischen Gemahlin Heinrichs fordern die bayerischen Welfen seinen Rücktritt.

1143-1146 Otto von Freising verfasst eine Weltgeschichte in sieben Büchern, die „Chronik der beiden Reiche".

1146 Heinrich II. erleidet an der Fischa eine Niederlage gegen einfallende Ungarn.

1147 Bischof Reginbert von Passau (1138–1147) weiht in Wien die Kirche St. Stephan.

25. Februar In einer Urkunde König Konrads III. für das Stift Klosterneuburg, in der die Besitztümer des Stiftes unter Königsschutz gestellt werden, wird erstmals der Name „Austria" erwähnt.

Mai Ottokar III. von Steier (†1164) erbt nach dem Tod seines Onkels Bernhard von Marburg auf dem zweiten Kreuzzug die Herrschaften Marburg, Radkersburg und Tüffer (heute Laško).

1148 Sommer Markgraf Heinrich II. heiratet Theodora Komnena (1133–1183), die Nichte des byzantinischen Kaisers Manuel I. (1122–1180).

1150 Der steirische Erzberg wird erstmals urkundlich erwähnt.

Um 1152 Mit dem Tod von Graf Rudolf sterben die Bregenzer Grafen aus. Nach einem Erbstreit geht die Grafschaft Bregenz an Rudolf von Pfullendorf.

1152 Bei einem Großbrand werden Kirche und Kloster des Stiftes Admont vernichtet.

Um 1153 Graf Ulrich II. von Pernegg gründet das Prämonstratenserkloster Geras in Niederösterreich.

1155 Markgraf Heinrich II. beruft irische Mönche nach Wien und gründet für sie ein Kloster.

1156 Heinrich II. verlegt seinen Wohnsitz nach Wien.

8. September Anlässlich einer Fürstenversammlung in Regensburg verzichtet Heinrich II. auf das Herzogtum Bayern, mit dem der Welfe Heinrich der Löwe (1155–1180) von Kaiser Friedrich I. Barbarossa (1152–1191) belehnt wird.

17. September Als Entschädigung für den Verlust Bayerns, wird die Markgrafschaft Österreich zum Herzogtum erhoben. Dieses „Privilegium minus" genannte Dokument enthält nicht nur die üblichen Privilegien eines Herzogs, sondern auch verschiedene Sonderrechte, wie die weiblich Erbfolge und die freie Verfügungsgewalt über das Herzogtum beim kinderlosen Tod des Herzogs. Außerdem verfügt der Herzog über die Gerichtshoheit, die die Adeligen in seinem Namen ausüben.

1158 1. Mai Herzog Heinrich II. stellt für die irischen Mönche, die aus Scotia maior kamen und daher verkürzt Schotten genannt wurden, einen Stiftsbrief aus.

1159 Durch das Kirchenschisma, d. h. es gibt zwei Päpste, die verschiedenen Parteien unterstützt werden, kommt es im Bistum Salzburg zu Unruhen.

3. Mai Bischof Konrad von Passau (1164–1168), ein Bruder Herzog Heinrichs II., verleiht St. Pölten das Stadtrecht.

Um 1160 Markgraf Otakar III. von Steier erhält von Kaiser Friedrich I. für sein gesamtes Herrschaftsgebiet das Bergregal (=Bergrecht).

1161 Die Ruprechtskirche, eine der ältesten Wiener Kirchen, wird erstmals urkundlich erwähnt.

1164 2. Juni Der Babenberger Konrad, ein Bruder Heinrichs II. und bisher Bischof von Passau, wird Erzbischof in Salzburg.

31. Dezember Otakar IV. (1164–1192) übernimmt nach dem Tod seines Vaters die Markgrafschaft von Steier.

1165 Juli Der Babenberger Heinrich II. legt einen Eid auf den von Kaiser Friedrich I. favorisierten Gegenpapst Paschalis III. (1164–1168) ab.

1167 5. April Die Stadt Salzburg wird bei einem Großbrand zerstört.

1168 Nach dem Aussterben der Grafen von Burghausen übernimmt Herzog Heinrich II. die Vogteirechte über Admont.

1170 St. Veit an der Glan wird Hauptstadt des Herzogtums Kärnten.

1174 Leopold (V., 1157–1194), der älteste Sohn von Herzog Heinrich II., heiratet Helene (1158–1199), die Schwester des ungarischen Königs Béla III. († 1196).

Juni Kaiser Friederich I. setzt den papsttreuen Erzbischof Adalbert II. von Salzburg ab und ernennt Heinrich von Berchtesgaden. Für die nächsten drei Jahre amtieren zwei Erzbischöfe in Salzburg, ein Anhänger des Kaisers und ein Anhänger des Papstes.

1175 Zwischen den Babenbergern und den steirischen Spanheimern kommt es zu Adelsfehden.

1176 August Der Böhmenherzog Sobieslaw II. († 1197) fällt mit einem starken Heer im nördlichen Niederösterreich ein und verwüstet zahlreiche Orte.

Um 1177 Herzog Heinrich II. Jasomirgott übergibt das Gebiet von Weitra in Niederösterreich an Hadamar II. von Kuenring (1157–1217).

1177 13. Jänner Nach dem Tod von Herzog Heinrich II. folgt ihm sein Sohn Leopold V.

1179 1. Juli Auf einem Reichstag in Eger werden die Grenzstreitigkeiten zwischen Böhmen und Österreich geregelt. Die österreichische Grenze wird ein wenig in den mährischen Bereich vorgeschoben. Zur Bekräftigung des Friedens wird Heinrich von Mödling († 1223), jüngerer Brüder von Leopold V., mit Richeza, der Tochter des Böhmenkönigs Wladislaw II. (1140-1175) vermählt.

1180 Graf Berthold II. von Andechs erwirbt das Gebiet der Stadt Innsbruck von Stift Wilten. Zur Erinnerung an dieses Ereignis stiften die Andechser einen wertvollen Kelch, der heute als „Wiltener Kelch" im Kunsthistorischen Museum in Wien befindet.

April Auf dem Reichstag zu Gelnhausen wird Markgraf Otakar IV. von Steier zum Herzog erhoben.

Um 1181 In Salzburg wird nach dem Stadtbrand mit dem Neubau des Domes begonnen.

1181 Der Emailkünstler Nikolaus von Verdun (1181–1205 ?) gestaltet den nach ihm benannten Altar für Stift Klosterneuburg. Dieser besteht aus mehr als 50 Bildtafeln zur Heilsgeschichte.

1183 Erzbischof Adalbert III. ist wieder alleiniger Bischof von Salzburg, der Gegenbischof Konrad III. ist nach Mainz zurückgekehrt. Ab 1184 führen die Salzburger Erzbischöfe den Titel „Legat des Hl. Apostolischen Stuhles".

1186 Herzog Leopold V. von Österreich und Herzog Otakar IV. von Steier schließen auf der Burg Georgenberg in Enns einen Erbvertrag. Hintergrund dürfte eine unheilbare Erkrankung des steirischen Herzogs, vermutlich Aussatz, gewesen sein. Diese Urkunde („Georgenberger Handfeste") enthält auch eine Unteilbarkeitsklausel für die beiden Länder.

1189 11. Mai Das Kreuzfahrerheer, zu dessen Aufbruch Kaiser Friedrich I. am Hoftag von Mainz im März 1188 aufgerufen hat, macht auf seinem Zug in das Heilige Land in Wien Station. Der Großteil der Kreuzfahrer ist zu Schiff auf der Donau unterwegs.

1190 In Vorarlberg wird die Stadt Feldkirch gegründet.

August Herzog Leopold V. bricht mit seinem Bruder Heinrich von Mödling zum Kreuzzug auf. Der verspätete Aufbruch wurde durch Grenzstreitigkeiten mit dem ungarischen König Béla III. († 1196) verursacht.

1192 8. Mai Durch den Tod von Herzog Otakar IV. von Steier erbt der Babenberger Leopold V. auf Grund des Georgenberger Vertrages von 1186 das Herzogtum Steiermark.

21. Dezember Der englische König Richard Löwenherz (1157–1199), auf der Rückreise aus dem Heiligen Land, wird in Erdberg bei Wien erkannt und gefangen gesetzt. Kaiser Heinrich VI. (1156–1197) und der französischen König Philipp II. (1165–1223) hatten sich gegen ihn verbündet, Herzog Leopold V., der vor Akkon von Richard beleidigt wurde, hatte sich dieser Koalition angeschlossen.

1193/94 In Wien wird eine Münzstätte errichtet. Die vermögende Körperschaft der „Hausgenossen" hat für den ungestörten Betrieb der Münze gegen Beteiligung am Ertrag zu sorgen.

1194 Wegen Verhaftung eines Kreuzfahrers, nämlich Richard Löwenherz, wird Herzog Leopold V. von Papst Coelestin III. (1191–1198) exkommuniziert, das Land mit dem Interdikt belegt.

Februar Nach Zahlung eines beträchtlichen Lösegeldes – es sollen zwischen 12.000 und 25.000 kg Silber gewesen sein – durch die Engländer, wobei den Hauptanteil dafür Richards Mutter Eleonore von Aquitanien (1122–1204) leistete, wird Richard Löwenherz freigelassen.

Herbst Mit dem Lösegeld von Richard Löwenherz gründet Herzog Leopold V. die Stadt Wiener Neustadt, die er als Festungsstadt ausbaut. Außerdem lässt er u. a. die Befestigungen Wiens verstärken

31. Dezember Nach dem Tod Herzog Leopolds V. an den Folgen eines Turnierunfalls, übernimmt sein Sohn Friedrich I. (um 1175–1198) das Herzogtum Österreich, dessen Bruder Leopold VI. (1195–1230) das Herzogtum Steiermark.

Um 1198 Der Minnesänger Walther von der Vogelweide (um 1170–1230) hält sich am Wiener Hof auf. Dies beweist die weit über Wien hinausgehende Bedeutung der Stadt als kulturelles Zentrum.

1198 16. April Mit nur 23 Jahren stirbt Herzog Friedrich I. (der Katholische) im Heiligen Land, möglicherweise vor Akkon, an der Malaria. Seine Gebeine werden in die Heimat zurückgebracht und in Heiligenkreuz beigesetzt. Sein Bruder Leopold VI. übernimmt nun auch die Herrschaft in Österreich.

1202 Herzog Leopold VI. gründet das Zisterzienserstift Lilienfeld in Niederösterreich.

Um 1203 Im Gebiet der Donau entsteht das Nibelungenlied, das die Taten Siegfrieds von Xanten und den Untergang der Burgunder besingt. Historische Fakten, wie Hunnensieg und Aufstieg des Frankenreiches werden mit Legenden von tapferen Rittern und ihrer Liebe verwoben.

1203 Oktober Herzog Leopold VI. heiratet in Wien Theodora († 1246), Enkelin Königs Isaac Angelos II. von Byzanz (1135–1204).

Vor 1204 Herzog Leopold VI. gründet in Wien die Kommende des im Heiligen Land gegründeten Deutschen Ritterordens.

1204 In Wien sind eine Synagoge und eine jüdische Schule nachweisbar.

1207 Papst Innozenz III. (1198–1216) lehnt die Errichtung eines Bistums in Wien ab.

Um 1210 An der Apsis der Pfarrkirche von Schöngrabern (Niederösterreich) werden romanische Steinplastiken mit Szenen aus der Bibel geschaffen.

1212 22. April Herzog Leopold VI. verleiht an Enns in Oberösterreich das Stadtrecht. Es ist das älteste erhaltene Stadtrecht in Österreich.

1217 Jänner Herzog Leopold VI. will gemeinsam mit dem ungarischen König Andreas II. (†1235) zu einem Kreuzzug nach Damiette aufbrechen und sammelt dazu ein Heer.

1218 Erzbischof Eberhard II. (um 1170–1246) von Salzburg gründet das Suffraganbistum Seckau in der Steiermark.
In der Schweiz wird die Reichsvogtei Uri an den Grafen von Habsburg verliehen.

25. August Das Kreuzfahrerheer – an der Spitze der deutschen Ritter steht Herzog Leopold VI. – erobert die Stadt Damiette in Ägypten.

1219 Mai Herzog Leopold VI. kehrte aus dem Heiligen Land nach Österreich zurück.

1221 18. Oktober Herzog Leopold VI. verleiht den Wiener Bürgern erstmals das Stadtrecht. In diesem Dokument wird auch die Institution von zwei Bürgergremien, das eine mit 24, das andere mit 100 Mitgliedern, festgeschrieben. Außerdem werden vor allem Handelsrechte schriftlich fixiert.

1224 6. – 8. Mai Herzog Leopold VI. schlichtet anlässlich eines Fürstentages in Friesach in Kärnten den seit Jahren schwelenden Streit zwischen Herzog Bernhard von Kärnten (1202–1256) und Markgraf Heinrich von Istrien.

1225 22. November Margarete († 1266), eine Tochter von Herzog Leopold VI., heiratet den Kaisersohn Heinrich VII. (1211–1242).

1226 Frühjahr In Abwesenheit seines Vaters Leopold VI. unternimmt Heinrich der Grausame († 1227) einen Aufstand und wendet sich auch gegen seine Mutter Theodora. Leopold VI. kann die Erhebung rasch niederschlagen.

Mai – Juli König Přemysl Ottokar I. von Böhmen (1193–1230) greift Österreich an. Unter Führung von Heinrich von Kuenring wird der Angriff zurückgeschlagen.

1230 28. Juli Nach dem Tod Herzog Leopolds VI., der der Glorreiche genannt wird, übernimmt sein Sohn Friedrich II. (1211–1246), späterer Beiname der Streitbare, die Herzogswürde.

30. November Herzog Friedrich II. verwendet erstmals auf einem Amtssiegel den dreigeteilten Bindenschild. Die Entstehung der Wappenfarben rot-weiß-rot datiert das Fürstenbuch des Jans Enikel (1230 ? – 1290 ?) in das Jahr 1232.

1231 Herzog Friedrich II. schlägt einen Aufstand des niederösterreichischen Landadels nieder.

1232 2. Februar Herzog Friedrich II. empfängt in der Wiener Schottenkirche gemeinsam mit 200 anderen jungen Adeligen aus den Händen von Bischof Gebhard von Passau die Schwertleite, d. h. er wird in den Ritterstand aufgenommen.

1233 29. April Herzog Friedrich II. erwirbt die Herrschaft Krain.

Juli Herzog Friedrich II. schlägt einen Angriff des böhmischen Königs Wenzel I. (1205–1253) mit einem 40.000 Man starken Heer zurück und erobert jenseits der Thaya die Burg Vöttau bei Znaim.

1235 Nach dem Tod des ungarischen Königs will Friedrich II. dem rechtmäßigen Thronerben Béla IV. (1235–1270) das Erbe streitig machen, muss sich aber nach einem erfolglosen Feldzug geschlagen geben und eine Geldbuße leisten. Die dafür nötige Steuererhöhung klagen die Adeligen bei Kaiser Friedrich II. (1194–1250) ein.

1236 Ende Juni Da Herzog Friedrich II. dreimaligen Ladungen vor den Kaiser nicht Folge leistete, wird er seiner Lehen enthoben und in Reichsacht getan. Kaiser Friedrich II. zieht selbst nach Österreich, wird in Wien feierlich empfangen und bestellt Eckbert von Bamberg zum Reichsverweser.

1237 April Kaiser Friedrich II. erhebt Wien zur unmittelbaren freien Reichsstadt.

5. Juni Überraschend stirbt der Reichsverweser Eckbert von Bamberg. Herzog Friedrich II. greift eine Streitmacht unter dem Kommando des Burggrafen von Nürnberg an und besiegt sie. Außerdem besiegt der Babenberger die kaiserlichen Statthalter in Pitten und Tulln.

1239 Weihnachten Wien muss sich Herzog Friedrich II. ergeben und verliert wieder seine Stellung als unmittelbare Reichsstadt. Kaiser Friedrich II. söhnt sich mit dem Babenberger aus und hebt die Reichsacht auf.

Um 1240 In Wien wird das romanische Riesentor von St. Stephan erbaut.

1241 Mai König Béla IV. von Ungarn flieht vor dem Mongolenansturm nach Österreich. Für das Versprechen der Waffenhilfe verpfändet er die ungarischen Komitate Ödenburg, Eisenburg und Wieselburg an den Babenbergerherzog.

Sommer Herzog Friedrich II. besetzt die westungarischen Komitate und stoppt den Vormarsch der Mongolen.

1242 April Herzog Friedrich II. macht sich zu einem Feldzug gegen die Mongolen auf, diese aber haben wegen des Todes ihres Khans bereits die ungarische Tiefebene verlassen.

1244 Herzog Friedrich II. erlässt für Wiener Neustadt eine Maut-, Zoll- und Marktordnung.

1. Juli Das Wiener Stadtrecht wird erweitert, die Juden erhalten einen Schutzbrief und das Recht für den Geldverleih.

1245 29. Juni Die geplante Hochzeit zwischen Kaiser Friedrich II. und Gertrud (1226–1288), einer Nichte Herzog Friedrichs II., in Verona platzt, wegen Nichterscheinen der Braut, die einen vom Papst gebannten Bräutigam ablehnt. Dadurch kommt es auch nicht zur Standeserhöhung für Herzog Friedrich II., der von der Königswürde geträumt hat. Kaiser Friedrich II. hatte gehofft, den kinderlosen Babenberger zu beerben.

1246 26. Jänner In der Schlacht bei Staatz besiegt Herzog Friedrich II. die eingefallenen böhmischen Truppen.

15. Juni Herzog Friedrich II. fällt bei einer Schlacht an der Leitha, vermutlich bei Ebenfurth, gegen die Truppen Bélas IV., der die an Friedrich II. verpfändeten Komitate zurückfordert. Trotzdem erringt Heinrich von Liechtenstein einen Sieg über die Ungarn.

Jahresende Kaiser Friedrich II. ernennt Otto von Eberstein für Österreich und für die Steiermark zum Statthalter. Dieser kann sich kaum gegen Gertrud, die bis 1247 mit Wladislaw von Mähren verheiratet ist, durchsetzen.

1247 April Wien wird wieder unmittelbare Reichsstadt.

1248 Sommer Der zweite Gemahl der Babenbergerin Gertrud, Hermann von Baden, regiert bis zu seinem Tod im Oktober 1250 als Herzog in Österreich.

1251 12. Dezember Přemysl Ottokar II. (um 1230–1278), der von verschiedenen Adeligen und Stadtbürgern zur Übernahme der Herrschaft in Österreich eingeladen wurde, siegelt erstmals in Wien eine Urkunde als Herzog von Österreich.

1252 7. April Přemysl Ottokar II. heiratet Margarete von Babenberg, eine Schwester Friedrichs II., um seine Ansprüche auf Österreich zu legitimieren.

27. Dezember In Lieserhofen in Kärnten schließen Graf Meinhard III. von Görz (1253–1258) und Graf Albert III. von Tirol (1190–1253) einerseits und der Salzburger Erzbischof Philipp von Spanheim (1247–1256) andererseits ein Abkommen, in dem die Görzer Grafen dauernd auf Ansprüche in Kärnten verzichten.

Jahresende Steirische Stände wählen Stephan, später Stephan V. († 1272), den Sohn des ungarischen Königs, zum Herzog der Steiermark.

1254 3. April König Béla IV. von Ungarn und Ottokar II. einigen sich auf Betreiben von Papst Innozenz IV. (1243–1254) im Frieden von Ofen über die Aufteilung des babenbergischen Erbes: Ottokar II. erhält Österreich, den Traungau, das Salzkammergut und das Gebiet um Pitten, Béla IV. das Herzogtum Steiermark.

1256 Der Salzburger Erzbischof Philipp von Spanheim, der nur die niederen Weihen empfangen hatte, muss zu Gunsten von Ulrich von Seckau (1257–1265) zurücktreten.

1259 Steirische Adelige, die die ungarische Herrschaft ablehnen, bieten Přemysl Ottokar II. diese an.

1260 12. Juli In der Schlacht bei Groissenbrunn (nahe Marchegg) besiegt Přemysl Ottokar II. ein Heer des ungarischen Königs Béla IV.

1261 31. März Im Frieden von Wien verzichtet König Béla IV. zu Gunsten von Ottokar II. auf das Herzogtum Steiermark. Ebenso wird eine Verbindung Ottokars II. mit Kunigunde von Černigov, Enkelin des ungarischen Königs verabredet, obwohl Ottokar noch mit Margarete verheiratet war.

25. Oktober Papst Urban IV. (1261–1264) löst die Ehe Ottokars II. mit Margarete auf, worauf dieser Kunigunde von Černigov († 1285) heiratet.

1263 Nach seiner Krönung in Prag ordnet Ottokar II. die Verwaltung von Österreich und Steiermark, wichtige Ämter vertraut er böhmischen und mährischen Adeligen an. Gezielt fördert er die Städte.

1264 Durch den Tod des letzten Kyburgers erbt Graf Rudolf von Habsburg (1218–1291) diese Grafschaft.

Um 1266 In Steyr entsteht der noch heute erhaltene mittelalterliche Stadtplatz.

1267 10. – 12. Mai Im Wiener Stephansdom hält der päpstliche Legat Kardinal Guido eine Kirchenversammlung ab, die Statuten für die Regelung des Lebens der Geistlichen beschließt. Ruhe und Frieden inner- und außerhalb der Kirche sollen bewahrt werden. Religiöse Unruhen, die durch Fanatiker, wie die Geißler hervorgerufen werden, sollen unterbunden werden.

1268 Frühjahr/Sommer Einen Aufstand österreichischer und steirischer Adeliger schlägt Přemysl Ottokar II. mit Hilfe der Städte und der Kirche nieder.

4. Dezember Nach dem Tod des Kärntner Herzogs Ulrich III. (1256–1269) trat Ottokar II. dessen Nachfolge in Kärnten an, er setzte Ulrich von Heunburg († 1308), der Agnes († 1295), Witwe Ulrichs III. und eine Urenkelin Leopold VI. geheiratet hat, in Kärnten als Landeshauptmann ein.

1270 Herbst König Stephan V. von Ungarn fällt in Österreich ein.

1271 4. März Die Brüder Meinhard II. (1239–1295) und Albert II. (1258–1304) von Görz-Tirol teilen nach zehnjähriger gemeinsamer Herrschaft ihr Erbe auf. Meinhard erhält die Grafschaft Tirol westlich des Pustertales, Albert bekommt Görz, Istrien und das Pustertal.

14. Juli Ottokar II. und Stephan V. von Ungarn schließen den zweiten Wiener Frieden. Der Ungar anerkennt Ottokars II. Herrschaft in Kärnten und Krain.

1273 1. Oktober In Frankfurt am Main wählen die Kurfürsten Graf Rudolf von Habsburg zum deutschen König. Ottokar II., der ebenfalls kandidierte, legt Protest ein.

Dezember Der neue König Rudolf I. dekretiert einen allgemeinen Landfrieden und fordert alle seit 1245 widerrechtlich erworbenen Reichsgüter zurück.

1274 20. November Albrecht (1255–1308), ältester Sohn Rudolf I., heiratet Elisabeth († 1313), die Tochter Graf Meinhards II. von Tirol.

1275 Ottokar II. baut an zwei Stellen der Stadt Wien Bollwerke, eines davon bildet den späteren Kern der Hofburg. Ursache dafür ist das angespannte Verhältnis zu den Wiener Bürgern.

24. Juni König Rudolf I. entzieht Přemysl Ottokar II. die babenbergischen und spanheimischen Besitzungen und verhängt über ihn die Reichsacht, da er es verabsäumt hat, sich um eine Neubelehnung zu bemühen.

1276 Im März und im April vernichten drei Stadtbrände in Wien große Teile der Stadt.

24. Juni König Rudolf I. erklärt Ottokar II. den Reichskrieg und zieht gegen Wien, das er im Oktober erobert. Ottokar II., von zahlreichen Adeligen im Stich gelassen, muss sich unterwerfen.

21. November Ottokar II. muss mit König Rudolf I. Frieden schließen. Er muss auf Österreich, Steiermark, Kärnten, Krain und die Windische Mark verzichten. Dafür wird er mit Böhmen und Mähren belehnt.

1277 Sommer König Rudolf I. legt Österreich eine empfindliche Grundsteuer auf, da die Kriegskosten gedeckt werden müssen. Dies führt zu Unruhen und antihabsburgischen Verschwörungen, die Ottokar II. unterstützt.

1278 24. Juni König Rudolf I. verleiht den Wiener Bürgern ein Stadtrecht.

26. August König Rudolf I. siegt in der Schlacht bei Dürnkrut und Jedenspeigen über Ottokar II., der bereits Ende Juni mit einem Heer von etwa 30.000 Mann gegen Österreich gezogen war. Ottokar II. fällt nach schweren Verlusten in der Schlacht. Möglicherweise wurde er von einem persönlichen Feind erschlagen. Ottokar II. wird bei den Minoriten in Wien beigesetzt und erst ein Jahr später nach Böhmen überführt.

Herrschaft der Habsburger

1277–1740

1277 18. Jänner Auf Wunsch von König Rudolf I. wird in der Minoritenkirche eine Versammlung betreffend die geistlichen Lehen abgehalten. Es wird beschlossen, dass kein Kirchenfürst ohne Wissen seines Domkapitels geistliche Besitztümer verleihen oder verkaufen darf.

4. März König Rudolf I. bestätigt den Wiener Juden, dass sie ausschließlich der Jurisdiktion des Königs und nicht den Stadtrichtern unterstehen.

24. März König Rudolf I. bestätigt die dem Schottenstift verbrieften Rechte.

Juni Anna von Hohenberg († 1281), Gemahlin Rudolfs I., trifft in Wien ein und wird von der Bevölkerung freundlich empfangen.

Sommer König Rudolf I. erlegt Österreich eine empfindliche Grundsteuer auf, da er die Kriegskosten gegen Ottokar II. Přemysl hereinbringen muss. Daraus entstehen Fehden zwischen den Anhängern der beiden Herrscher.

12. Juli König Rudolf I. schließt mit Ladislaus IV. (1262–1290) von Ungarn ein Bündnis.

16. Juli König Rudolf I. stellt für die Wiener Münzer, die man „Hausgenossen" nennt, eine Urkunde aus, in denen er ihnen ihre Rechte bestätigt.

13. August König Rudolf I. verleiht den Bürgern der niederösterreichischen Stadt Eggenburg das gleiche Bürgerrecht wie den Wienern.

1278 Frühjahr In Wien wird eine antihabsburgische Verschwörung unter der Führung des Paltram von Freithof aufgedeckt.

24. Juni König Rudolf I. bestätigt den Wienern neuerlich ihre Stadtrechte und erklärt Wien wieder zur reichsunmittelbaren Stadt.

Sommer König Ottokar II. Přemysl zieht mit einem Heer von Prag aus nach Österreich.

12. August König Rudolf I. bricht mit einer Streitmacht von Wien auf und übersetzt die Donau bei Hainburg. Bei Marchegg vereinigt er sich mit den Truppen des ungarischen Königs Ladislaus IV.

28. August Zwischen den Orten Dürnkrut und Jedenspeigen treffen die beiden Heere aufeinander. Angeblich stellen sich insgesamt 60.000 Mann zum Kampf. Ottokar II. fällt, möglicherweise von persönlichen Feinden ermordet.

17. Oktober Im Frieden von Sedletz (bei Kuttenberg in Böhmen) kommt es zum Friedensschluss zwischen Rudolf I. und dem erst siebenjährigen böhmischen König Wenzel II. (1271–1305).

Mitte November Eine Doppelhochzeit in Iglau zwischen Wenzel II. von Böhmen und Jutta von Habsburg (1271–1297), Tochter Rudolfs I., bzw. Rudolf II. († 1290), Sohn des Königs und Agnes († 1296), Tochter von Ottokar II., soll den Friedensschluss besiegeln.

1279 Februar Die Tochter König Rudolfs I. Hedwig (†1285/86) heiratet in Wien Markgraf Otto VI. (†1303), den „Kleinen", von Brandenburg.

14. Februar Ein Urkunde, die die Abtretung der Romagna an den römischen Papst Nikolaus III. (zwischen 1210 und 1220–1280) von König Rudolf I. bestätigt, wird in der Wiener Burg („in Castro Wiennensi") ausgestellt.

27. März Im Auftrag des Erzbischofs von Salzburg Rudolf von Hohenegg († 1290) weiht Bischof Johannes von Ennstal die Pfarrkirche von Wr. Neustadt ein.

21. Juli Nach dem Tod von Philipp von Spanheim, dem letzten seines Geschlechts, fällt das Herzogtum Kärnten als freies

Lehen an das Reich. Die Verwaltung wird an Meinhard II. von Görz-Tirol († 1295) übertragen.

Um 1280 Jans Enikel verfasst eine „Weltchronik" und ein „Fürstenbuch". Viele seiner Berichte sind falsch, die Babenbergerzeit allerdings ist recht gut überliefert. Durch ihn sind die Farben rot-weiß-rot belegt.

31. August König Rudolf I. gründet das Dominikanerinnenkloster in Tulln (Niederösterreich).

1281 16. Februar Nach dem Tod von Königin Anna wird ihr Leichnam nach Basel überführt.

Mai König Rudolf I. setzt seinen ältesten Sohn Albrecht als Reichsverweser in Österreich ein.

Juni Die Wiener Bürger stellen für König Rudolf I. und seinen Sohn Albrecht Huldigungsbriefe aus.

24. Juli Albrecht von Habsburg erneuert das Niederlagsprivileg für Wien.

1282 Erstmals wird in einer Urkunde ein Wiener Bürger, nämlich Konrad Pollo (um 1240–1305), als „magister civium", d.h. Bürgermeister, bezeichnet.

17. – 21. Dezember Auf dem Reichstag zu Augsburg belehnt König Rudolf I. seine Söhne Albrecht und Rudolf mit den Herzogtümern Österreich und Steiermark „zur gemeinsamen Hand" (= zur gemeinsamen Verwaltung), nachdem er davor monatelang mit den Kurfürsten verhandelt hat.

1283 1. Juni Nachdem sich Adelige aus Österreich und der Steiermark über die „Doppelherrschaft" beschwert hatten, wird der Vertrag von Rheinfelden geschlossen, der eine Klärung bringt. Albrecht wird alleiniger Regent in Österreich, der Steiermark, in Krain und der Windische Mark. Sein Bruder Rudolf soll binnen vier Jahren mit Geld oder Land abgefunden werden. Es ist dies die erste Hausordnung der Habsburger.

1286 1. Februar König Rudolf I. belehnt Graf Meinhard II. von Görz-Tirol als Dank für seine Waffenhilfe gegen Ottokar II. Přemysl mit dem Herzogtum Kärnten.

1. September Graf Meinhard II. wird auf dem Kärntner Herzogsstuhl auf dem Kärntner Zollfeld feierlich in sein Amt

eingesetzt. (Dieser schon länger übliche Brauch wird noch bis 1414 eingehalten). Zuvor muss er Fragen des „Herzogbauern" über die Führung seiner Regierung beantworten. Sind die Antworten zufrieden stellend, räumt der Herzogbauer den Stuhl für den Herzog.

1287 Die Wiener Bürger erheben sich gegen Herzog Albrecht I. wegen Nichteinhaltung des Reichsunmittelbarkeitsprivilegs. Herzog Albrecht I. zieht sich auf den Kahlenberg zurück, von wo aus er den Wienern die Lebensmittelzufuhr absperrt.

1288 In Wien ist die „St. Nicolai Bruderschaft", die älteste Musikerzunft im deutschen Sprachraum, nachweisbar.

28. Februar Wien muss feierlich auf die von König Rudolf I. gewährten Sonderrechte verzichten, Wien ist nur mehr landesfürstliche Stadt.

1289 Sommer Durch einen Friedensschluss zwischen König Rudolf I. und den Grafen Rudolf und Hugo von Montfort wird der seit 1286 dauernde Krieg beendet. Die Grafen müssen Land an die Habsburger zwangsverkaufen.

1290 31. August Nach dem Tod des ungarischen Königs Ladislaus IV. belehnt König Rudolf I. seinen Sohn Herzog Albrecht I. mit Ungarn. Nach einem halben Jahr wählen nach einem Einspruch von Papst Nikolaus IV. (1227–1292) die ungarischen Adeligen Andreas III. († 1301), einen Neffen von Béla IV., zum neuen König.

1291 Frühjahr Herzog Albrecht I. schließt mit König Andreas III. ein Bündnis, mit dem die Auseinandersetzung um Ungarn beendet wird.

2. Halbjahr Die steirischen und Kärntner Adeligen erheben sich gegen Herzog Albrecht I. und seinen Landeshauptmann Heinrich von Admont, da diese die während des Interregnums erworbenen Güter streng zurückfordern.

1292 In Friesach (Kärnten) kommt ein Vergleich zwischen Herzog Albrecht und den steirischen Adeligen zustande. Heinrich von Admont wird abgesetzt, der Adel mit Zugeständnissen zufrieden gestellt.

5. Mai Bei der deutschen Königswahl in Frankfurt kann sich Albrecht nicht durchsetzen. Die deutschen Fürsten, die einen Machtzuwachs der Habsburger fürchten, wählen Adolf von Nassau (um 1255–1298).

1295 10. November Es kommt zu einer neuerlichen Erhebung der österreichischen Adeligen gegen Albrecht I.

1296 Der Zehentturm in Baierdorf (Steiermark), der 1292 im Verlauf einer Fehde zerstört worden ist, wird wieder aufgebaut. In diesem Turm, der den Sölkpass sichert, wird das Zehentgeld aufbewahrt.

Herzog Albrecht I. überträgt dem Wiener Stadtrat das Schulpatronat von St. Stephan.

12. Februar Herzog Albrecht I. verleiht den Wienern ein Stadtrecht, das die bisherigen Rechte bestätigt. Dieses in deutscher Sprache verfasste Stadtrecht ist im Original erhalten.

Frühjahr König Adolf von Nassau anerkennt die von den österreichischen Adeligen gegen Albrecht I. erhobenen Ansprüche.

1297 Frühjahr Herzog Albrecht I. söhnt sich mit Böhmen, Bayern und Salzburg aus, damit wird auch der österreichische Adelsaufstand beendet.

14. August Das Kloster und die Klosterkirche von Melk werden durch einen verheerenden Brand zerstört. Auch die wertvolle Bibliothek geht zugrunde.

24. September Durch einen Ausgleich kann Herzog Albrecht I. das Erzbistum Salzburg auf seine Seite ziehen.

1297/1298 Jahreswende Erzbischof Gerhard von Mainz fordert Herzog Albrecht I. auf, im Mai 1298 nach Frankfurt zu kommen, wo man Adolf von Nassau abwählen will.

1298 März Herzog Albrecht I. bricht mit seinen Truppen Richtung Frankfurt auf, Herzog Otto III. von Niederbayern muss er 1000 Mark Silber für den Durchzug durch bayerisches Gebiet zahlen.

23. Juni Eine Kurfürstenversammlung in Mainz setzt König Adolf von Nassau ab, Herzog Albrecht I. wird zu seinem Nachfolger gewählt.

2. Juli In der Schlacht am Hasenbühel bei Göllheim bleibt Albrecht siegreich, Adolf von Nassau wird getötet.

27. Juli In Frankfurt wird in traditioneller Weise Herzog Albrecht I. von den Kurfürsten zum römischen König gewählt. Als Gegenleistung gibt es beträchtliche Zugeständnisse für die Kurfürsten. In der Folge wird Albrecht in Aachen gekrönt, nur Papst Bonifaz VIII. (um 1235–1303) verweigert seine Zustimmung. Erst 1303 kommt es zu einer Einigung zwischen Albrecht I. und der Kurie.

21. November König Albrecht I. belehnt seine Söhne Rudolf III. (1281–1307), Friedrich I. (1289–1330), genannt der „Schöne", und Leopold I. (1293–1326) „zu gemeinsamer Hand" mit den Herzogtümern Österreich und Steiermark. Regent wird Rudolf III.

Um 1300 Ottokar oûz der Geul (1265–1320) verfasst die „Steirische Reimchronik", in fast 100.000 Versen in deutscher Sprache wird die österreichische und steirische Geschichte behandelt.

1300 Herzog Rudolf III. heiratet Blanche von Valois, eine Schwester des französischen Königs Philipp IV. (1268–1314), im Ehekontrakt wird ein wechselseitiges Erbrecht vereinbart.

1303 In Wien kommt es zu vereinzelten Übergriffen gegen die Juden.

30. April Papst Bonifaz VIII. anerkennt König Albrecht I., dieser wiederum leistet dem Papst einen Treueid.

1304 In Wien wird mit dem Bau des Albertinischen Chors der Stephanskirche begonnen.

1305 18. August Im Frieden von Nürnberg beenden König Albrecht I. und Wenzel III. (1289–1306) von Böhmen und Ungarn den von Wenzel II. (1271–1305) begonnenen Krieg. Wenzel III. verzichtet auf Ungarn, die Mark Meißen und das Egerland.

1306 4. August Nach der Ermordung von König Wenzel III. von Böhmen erlischt das Haus der Přemysliden, daher zieht König Albrecht I. das Reichslehen Böhmen und Mähren ein. Er verleiht dieses an Herzog Rudolf III. (1281–1307), der auf die Herzogtümer Österreich und Steiermark zu Gunsten seiner

Brüder Friedrich I. und Leopold I. verzichtet. Friedrich führt den Herzogstitel, Leopold wird Mitregent.

16. Oktober Rudolf III. wird in Prag zum König gekrönt, nachdem er zuvor Elisabeth von Polen (1286-1335), die Witwe Wenzels II., geheiratet hat. Er kümmert sich in erster Linie um die Verwaltung seines Königreiches.

1307 Frühjahr Der böhmische Adel erhebt sich gegen Rudolf III.

4. Juli König Rudolf III. stirbt in Horaždovice während eines Feldzugs gegen die aufständischen Adeligen an der Ruhr.

15. August Herzog Heinrich VI. von Kärnten (um 1270–1335), ein Sohn von Meinhard II. von Görz-Tirol, wird von den böhmischen Ständen zum König gewählt, da er bereits seit 1306 mit Anna (1290-1313), Schwester des Königs Wenzel III., vermählt ist.

1308 1. Mai Johann von Habsburg (1290–1312?), ein Sohn Herzog Rudolfs II., ermordet König Albrecht I. in Brugg in der Schweiz, da die Abmachung der Rheinfelder Hausordnung von 1282 weder von König Rudolf I. noch von Albrecht I. eingehalten worden ist. Johann, später Parricida (= Vatermörder) genannt, flieht nach Italien.

115. August König Albrecht I. anerkennt im Frieden von Znaim Heinrich VI. als böhmischen König.

1309 Sommer Die Söhne des ermordeten Königs Albrecht I. begeben sich nach Speyer, um beim neuen König Heinrich VII. (1274/75–1313) ihr Erbe zu sichern.

17. September König Heinrich VII. schließt mit den Habsburgern ein Abkommen, demzufolge Friedrich I. und Leopold I. mit den Herzogtümern Österreich und Steiermark belehnt werden. Leopold I. verwaltet die habsburgischen Vorlande.

Herbst Der österreichische Adel lehnt sich gegen die beiden Herzöge, die noch die Mörder ihres Vaters verfolgen – denn Johann Parricida hatte noch vier adelige Gefolgsleute –, auf. In der Steiermark schlägt der steirische Landeshauptmann Ulrich von Walsee den von Otto III. von Niederbayern angefachten Aufstand nieder. Auch die Stadt Wien kämpft die Aufständischen nieder.

1310 In Wien tauchen die Lollarden, eine sozial bewegte Sekte, auf, die Kranke pflegt und für die Beisetzung der Armen sorgt.

Februar Herzog Friedrich I. hält in Wien ein strenges Strafgericht über die aufständischen Adeligen. Die Anführer werden hingerichtet, ihre Güter konfisziert.

In den Vorlanden geht Herzog Leopold I. gegen die Mörder seines Vaters vor.

Dezember Der Kärntner Heinrich VI. wird aus Böhmen vertrieben, er konnte sich nicht durchsetzen und kehrt daher nach Kärnten zurück.

1311 Juli Herzog Heinrich VI. von Kärnten muss das Sanntal und Windisch-Feistritz an das Herzogtum Steiermark abtreten.

1313 Herzog Friedrich I. und seine Brüder stiften das Kartäuserkloster Mauerbach.

Herbst Die Herzöge Friedrich I. und Leopold I. streiten mit Herzog Ludwig IV. (1287–1347) von Oberbayern über die Vormundschaft der minderjährigen Söhne des 1312 verstorbenen Herzogs Otto III. von Niederbayern. Friedrich I. fällt in Bayern ein.

9. November In der Schlacht bei Gammelsdorf unterliegt Friedrich I. seinem bayrischen Gegner Ludwig IV., er muss die vormundschaftlichen Rechte abtreten.

1314 Jänner Die seit 1291 verbündeten Schweizer Waldstätten greifen das unter habsburgischem Schutz stehende Kloster Einsiedeln an.

30. Jänner Herzog Friedrich I. vermählt sich mit Isabella von Aragon (1296–1330).

16. August Die Grafen Albrecht († um 1365) und Hugo von Werdenberg überlassen Herzog Rudolf III. und seinem Bruder Leopold I. die Feste Gutenberg bei Balzers mit den dazu gehörigen Gütern. Es ist das der erste Stützpunkt der Habsburger in Vorarlberg.

19. Oktober Herzog Friedrich I. wird in Sachsenhausen bei Frankfurt am Main von Habsburgeranhängern zum deutschen König gewählt.

20. Oktober Die luxemburgische Partei wählt in Frankfurt am Main Ludwig IV. von Oberbayern zum deutschen König. Damit beginnt der deutsche Thronstreit.

1315 15. November Am Pass Morgarten in der Schweiz wird ein Ritterheer Herzog Leopolds I., der im Auftrag seines Bruders Friedrich I. die Reichsacht gegen die Schweizer Waldstätten vollziehen und die habsburgischen Rechte wiederherstellen sollte, von einem unterlegenen Heer der Schweizer fast völlig vernichtet.

9. Dezember Die siegreichen Schweizer Waldstätten erneuern ihren Bund von 1291.

1316 König bzw. Herzog Friedrich I. fordert von den Bürgern und der Geistlichkeit seiner Länder eine Vermögenserklärung, denn sie sollen den zehnten Teil als außerordentliche Abgabe abführen.

29. März König Ludwig IV. bestätigt den Schweizer Waldstätten ihre Rechte und Privilegien und zieht den habsburgischen Besitz zu Gunsten des Reiches ein.

12. Mai Herzog Friedrich I. schenkt den Bürgern von Wien das konfiszierte Haus des Otto Haymo, der sich 1309 am Aufstand beteiligt hatte. Dieses Haus bleibt bis 1883 Wiener Rathaus.

1318 19. Juli Herzog Leopold I. schließt mit den Schweizer Waldstätten einen Waffenstillstand.

1320 21. Jänner Herzog Friedrich I. erteilt der Stadt die Genehmigung, ein „rechtspuch" anzulegen. Dieses „Eisenbuch" genannte Dokument ist die wichtigste rechtliche Überlieferung der Stadt.

1321 Erste Jahreshälfte Es kommt zu bewaffneten Auseinandersetzungen zwischen den Habsburgern und den Montfort-Werdenbergern.

13. Dezember Hugo von Altmonfort († 1338) gelobt Schadenersatzleistung, womit der Streit in Vorarlberg beigelegt scheint.

1322 Sommer Graf Wilhelm von Montfort-Tettnang (†1352) fällt von den Habsburgern ab.

15. September Bei einer Familientagung der Montforter und Werdenberger in Langenargen am Bodensee besprechen sie

den Abfall von den Habsburgern. Herzog Leopold I. belagert daraufhin Tettnang in Württemberg.

28. September Wegen der Belagerung von Tettnang kommt Herzog Leopold I. zu spät zur Schlacht von Mühldorf am Inn, die sein Bruder Friedrich I. mit dem bayerischen Gegenkönig Ludwig IV. ausficht. Leopold IV., unterstützt vom Luxemburger Johann von Böhmen (1296–1346), siegt in dieser Ritterschlacht. Friedrich I. wird gefangen genommen und in Burg Trausnitz an der Nab interniert. Sein Bruder Heinrich (1298–1327) wird von Johann von Böhmen gefangen genommen. Als Dank verpfändet Ludwig IV. Stadt und Land Eger an Johann von Böhmen. Da das Pfand nie eingelöst wird, bleibt Eger bei Böhmen.

1324 Herzog Leopold I. erreicht die Unterstützung Frankreichs und von Papst Johannes XXII. († 1334) und führt wieder Krieg gegen Bayern.

Albrecht II. (1298–1358), ein Bruder Friedrichs I. erwirbt durch Heirat mit Johanna von Pfirt (1300–1351) diese Grafschaft im Oberelsass.

1325 13. März Herzog Leopold I. besiegt König Ludwig IV. bei Burgau in Bayern. Daraufhin schließen Friedrich I. und Ludwig IV. den Vertrag von Trausnitz, in dem Friedrich I. auf die Thronrechte verzichtet und dafür freikommt. Er kehrt nach Wien zurück.

Sommer Herzog Leopold I., Papst Johannes XXII. und einige deutsche Fürsten erheben gegen den Trausnitzer Vertrag Einspruch. Friedrich I., der vertragstreu bleiben will, kehrt freiwillig in die Gefangenschaft zurück.

5. September König Ludwig IV. und Friedrich I. schließen den Vertrag von München, in dem die beiden eine gemeinsame Regierung vereinbaren. Der Papst und die deutschen Kurfürsten lehnen diesen Vertrag ab. Friedrich I. zieht sich auf die Burg Gutenstein in Niederösterreich zurück.

1326 7. Jänner Friedrich I. und Ludwig IV. schließen neuerlich einen Vertrag, den Ulmer Geheimvertrag, in dem Ludwig auf die Herrschaft verzichten will, aber die Kaiserkrönung haben will.

5. Dezember In Wien wütet ein Stadtbrand, dem zwei Drittel der Stadt zum Opfer fallen.

1327 Herzog Friedrich I. stiftet, angeblich auf Grund eines Gelübdes, das Augustinerkloster in Wien.

Jahresbeginn In Innsbruck schließen Ludwig IV. und Friedrich I. einen Vergleich: Friedrich I. beschränkt sich nach dem Tod seines Bruders Leopold I. auf die Herrschaft in den habsburgischen Erblanden.

1328 Erste Jahreshälfte Otto der „Fröhliche“ (1301–1339), jüngster Bruder von Friedrich I., verlangt, gestützt auf Waffenbündnisse mit Böhmen und Ungarn, eine Teilung der habsburgischen Länder.

Böhmische und ungarische Kriegsscharen verheeren Ostösterreich.

21. September Im Vertrag von Bruck an der Leitha erhält Otto der Fröhliche die Vorlande und die Stadt Hainburg zugesprochen.

1330 13. Jänner Nach dem Tod von Herzog Friedrich I. wird sein Bruder Albrecht II. Herzog von Österreich und Steiermark, Otto der Fröhliche wird Mitregent. Albrecht II., damals wegen Polyarthritis bereits an Händen und Füßen gelähmt, erhielt den Beinamen der „Lahme“.

9. Mai Im Vertrag von Landau (Bayern) verzichten sowohl die Habsburger als auch der König von Böhmen bis auf weiteres darauf, sich um die deutsche Königskrone zu bewerben.

6. August Im Vertrag von Hagenau (Elsass) anerkennen die Habsburger Ludwig IV. als König und Kaiser. Ludwig IV. belehnt die Habsburger mit ihren bisherigen Herzogtümern und übergibt ihnen die Reichsstädte Schaffhausen, Rheinfelden, Breisach am Rhein und Neuenburg am Rhein als Pfand.

September Die zwölfjährige Tochter von Herzog Heinrich VI. von Kärnten und Tirol (um 1270–1335) Margarete (1318–1369) wird mit dem neunjährigen Johann Heinrich (1321–1375), einem Sohn König Johanns von Böhmen, vermählt. Die Luxemburger wollen sich damit die Anwartschaft auf die Herzogtümer der Braut sichern. Nach Margaretes zweiter Ehe mit Ludwig V. von Brandenburg (1316–1361) wurde sie das Opfer einer Sudelkampagne und als „meretrix" (= Hure) beschimpft. Aus dieser Bezeichnung entstand die Verballhornung „Maultasch". Tatsächlich dürfte Margarete nach zeitgenössischen Berichten schön gewesen sein.

26. November König Ludwig IV. schließt mit den Habsburgern den Augsburger Geheimvertrag, der ihnen die lehensmäßige Anwartschaft auf Kärnten, Krain und Südtirol zusichert. Damit durchkreuzen sie die Pläne der Luxemburger. Die Habsburger sichern dafür dem Bayern die Unterstützung bei der Erwerbung des übrigen Tirol zu.

1331 Nach einem Brand werden die 51 unbeschädigten Emailtafeln des Verduner Altars von Klosterneuburg zu einem Flügelaltar umgebaut.

1332 Trotz des Protests der Habsburger schließen die Schweizer Waldstätten einen „ewigen Bund" mit Luzern.

1334 Seit diesem Jahr ist in der Wiener Stephanskirche eine Orgel nachweisbar.

1335 2. April Mit dem Tod von Herzog Heinrich VI. von Kärnten und Tirol, der zwischen 1307 und 1310 auch König von Böhmen war, erlischt die Linie der Grafen von Görz-Tirol.

5. Mai Kaiser Ludwig IV. belehnt in Linz die Habsburger mit Kärnten, Südtirol und Krain, das ein erledigtes Pfand ist. Das nördliche Tirol bleibt bei Margarete Maultasch und ihrem Mann.

Sommer König Johann von Böhmen führt vergeblich Krieg gegen die beiden Habsburger Albrecht II. und Otto den Fröhlichen wegen der Belehnung mit Kärnten.

1336 9. Oktober Die Habsburger und König Johann von Böhmen schließen den Frieden von Enns. König Johann verzichtet auf Kärnten und Krain. Otto der Fröhliche wird als Kärntner Herzog auf dem Zollfeld inthronisiert.

1337 1. November Die Grafen von Montfort und die Stadt Feldkirch schließen mit den Habsburgern ein Bündnis, das militärische Hilfe in Vorarlberg vereinbart.

1338 Die habsburgischen Länder werden von einer Heuschreckenplage heimgesucht.

20. Jänner Herzog Albrecht II. und sein Bruder Otto erlassen eine Judenordnung. Sie sind bestrebt die Juden zu schützen, da es wegen der Missernte des vergangenen Jahres zu Ausschreitungen gegen die Juden gekommen ist.

1339 Kaiser Ludwig IV. belehnt Johann Heinrich, den Sohn des böhmischen Königs Johann, mit Nordtirol.

Um 1340 Die Donau und ihre Nebenflüsse treten wegen Hochwasser über die Ufer.

24. Juli Herzog Albrecht II. verleiht Wien ein neues Stadtrechtsprivileg, das die bisherigen Rechte in einer Urkunde zusammenfasst.

1341 November Die Tiroler Landstände vertreiben Johann Heinrich von Böhmen, den Gemahl der Margarete Maultasch, aus Tirol. Er hatte zu viele ausländische Ratgeber ins Land geholt. Margarete trennt sich bei dieser Gelegenheit von ihrem geistig etwas beschränkten Mann.

1342 10. Februar Margarete, Gräfin von Tirol, heiratet Ludwig von Brandenburg (1315–1361), einen Sohn von Kaiser Ludwig IV.

1345 Herzog Albrecht II. lässt einen Goldgulden prägen.

1346 25. Jänner Ludwig von Bayern, der Luxemburger Karl (1316–1378), König Ludwig von Ungarn (1326–1382) und Herzog Albrecht II. beraten in Wien, wie der Frieden hergestellt werden könnte.

1347 11. Oktober Nach dem Tod von Kaiser Ludwig IV. wird der Luxemburger Karl endgültig deutscher König. Er sucht ein gutes Verhältnis zu den Habsburgern, was auch durch das Verlöbnis seiner Tochter Katharina (1342–1395) mit dem Sohn Herzog Albrechts II., Rudolf (später IV. 1339–1365), zum Ausdruck kommt.

1348/49 Wegen Missernten und Überschwemmungen kommt es zu einer schweren Hungersnot. Zusätzlich tritt die Beulenpest auf. In Wien soll etwa ein Drittel der Bevölkerung der Seuche zum Opfer gefallen sein. Als Verursacher beschuldigen die Menschen die Juden und daher kommt es regional zu schweren Ausschreitungen gegen die jüdische Bevölkerung, vor allem in Niederösterreich.

1348 25. Jänner Durch ein Erdbeben in Kärnten wird Villach zerstört, ein gewaltiger Teil des Dobratsch ruscht ab und begräbt 17 Dörfer unter sich.

5. Juni Der neue deutsche König Karl IV. belehnt den Habsburger Albrecht II. und seine Söhne mit Österreich, Steiermark, Kärnten, Krain, der Windischen Mark und den habsburgischen Besitzungen in den Vorlanden.

1350 Februar König Karl IV. belehnt Markgraf Ludwig von Brandenburg mit Tirol, Görz und der Vogtei über die Bistümer Brixen und Trient.

1351 1. Mai Die Schweizer Waldstätten schließen ein Bündnis mit Zürich, was einen Krieg mit Herzog Albrecht II. auslöst.

1352 Juni Dem Bündnis der Eidgenossen schließen sich Glarus und Zug an.

14. November Albrecht II. und die Eidgenossen schließen Frieden, letztere anerkennen die grundherrlichen Rechte der Habsburger.

1353 13. Juli Rudolf IV. heiratet Katharina von Böhmen, die sich bereits seit 1348 in Wien aufhält.

6. Mai Die Eidgenossen schließen ein Bündnis mit Bern.

Sommer Der Krieg zwischen Albrecht II. und den Eidgenossen bricht erneut aus.

1354 20. Mai Durch die Teilung der Grafschaft Tettnang-Bregenz entsteht die neue Grafschaft Bregenz.

1355 Sommer Durch den Frieden von Regensburg wird die Auseinandersetzung der Habsburger mit den Eidgenossen beendet.

25. November Herzog Albrecht II. erlässt eine neue Hausordnung, die bestimmt, dass nach seinem Tod seine Söhne – Ru-

dolf IV., Friedrich III. (1347–1362), Albrecht III. (1348–1395) und Leopold III.(1351–1386) – die österreichischen Länder gemeinsam besitzen und regieren sollen. Damit legt Albrecht II. eine Unteilbarkeit der habsburgischen Länder fest.

1356 25. Dezember Am Reichstag von Metz wird die so genannte „Goldene Bulle“ erlassen; sie regelt die deutsche Königswahl und die Rechte der Kurfürsten. Dabei wird Österreich von König Karl IV. übergangen, es erhält keine Kurstimme.

1357 Der offizielle Vertreter des Bischofs von Passau, der bisher in Krems residierte, verlegt seinen Sitz nach Wien, nahe der Kirche Maria am Gestade.

1358 20. Juli Nach dem Tod seines Vaters Albrecht II., wird Rudolf IV. Herzog von Österreich, Steiermark, Kärnten und Krain.

1359 Als Reaktion auf die „Goldene Bulle“ ließ Herzog Rudolf IV. das so genannte „Privilegium maius“ fälschen, eine Sammlung von Urkunden, die weit über das Privilegium minus hinausgehende Vorrechte für Österreich vorsehen. Schon die Zeitgenossen, u. a. der Dichter Francesco Petrarca (1304–1374), der für Kaiser Karl IV. tätig war, erkennen die Fälschung. Kaiser Karl IV. verweigert seinem Schwiegersohn die Anerkennung dieser Privilegien.

30. März Herzog Rudolf IV. führt das Ungeld, eine zehnprozentige Steuer auf öffentlich ausgeschenkte Getränke, ein. Diese Regelung löst den jährlichen Münzverruf ab, d. h. jährlich wurden die bisherigen Münzen für ungültig erklärt und durch neue ersetzt. Die alten wurden nur zum Silberwert abgelöst. Dieser Münzverruf hatte bisher beachtliche Gewinne für den Münzherrn gebracht.

7. April Der Grundstein für den Südturm des Stephansdoms wird gelegt; gleichzeitig wird mit dem Bau des Langhauses begonnen.

1360 Juni Herzog Rudolf IV. sichert in mehreren Verträgen den Grafen von Montfort-Feldkirch seinen Schutz zu.

25. Juli Bischof Peter von Chur tritt den Habsburgern sein Stiftsgebiet für acht Jahre ab.

2. August Ab diesem Datum werden Liegenschaftsänderungen in Wien schriftlich festgehalten. Die ältesten erhaltenen Aufzeichnungen stammen aus 1368.

1361/1362 Zwischen Kaiser Karl IV. und Herzog Rudolf IV. kommt es wegen der fehlenden kaiserlichen Anerkennung für das Privilegium maius zu Spannungen. Katharina von Böhmen vermittelt einen Ausgleich.

1361 31. Mai Eine Feuersbrunst vernichtet etwa ein Drittel von Wien.

Sommer Es kommt zu Gebietsstreitigkeiten zwischen Herzog Rudolf IV. und dem Patriarchen von Aquileia Ludovico della Torre. Der unterlegene Patriarch wird in Wien gefangen gehalten.

1362 5. Februar Herzog Rudolf IV. schließt unter Vermittlung von König Ludwig von Ungarn mit dem Patriarchen von Aquileia den Frieden von Kopreinitz (Kroatien), den Kaiser Karl IV. nicht anerkennt.

1363 13. Jänner Meinhard III., Sohn der Margarete Maultasch aus der Ehe mit Ludwig von Brandenburg, stirbt. Mit ihm erlischt die Wittelsbacherlinie in Tirol.

26. Jänner Gräfin Margarete übergibt in Bozen die Herrschaft über Tirol an Herzog Rudolf IV., der inzwischen in Tirol eingetroffen ist. Die Schenkung der Grafschaft Tirol an die Habsburger sollte erst nach Margaretes Tod wirksam werden. Im Gegenzug sollte Herzog Rudolf IV. Margarete gegen jedermann schützen. Die Tiroler Stände billigen diese Übergabe ausdrücklich.

8. April Herzog Rudolf IV. erwirbt die Burg Neuberg bei Koblach (Vorarlberg).

2. September Gräfin Margarete Maultasch verzichtet auf die Herrschaftsausübung in Tirol, sie zieht sich nach Wien zurück, wo sie nahe dem Minoritenkloster ein Haus bezieht.

1364 8. Februar Kaiser Karl IV. belehnt Herzog Rudolf IV. und seine Brüder mit der Grafschaft Tirol.

10. Februar Kaiser Karl IV. schließt in Brünn mit Herzog Rudolf IV. einen wechselseitigen Erbvertrag. Bei Aussterben einer

Familie soll deren Länderbesitz an die andere fallen. Wirksam wurde dieser Vertrag 1437, als die Luxemburger ausstarben.

August Die Kämpfe mit dem Patriarchen von Aquileia flammen wieder auf.

18. November Herzog Rudolf IV. schließt mit seinen Brüdern einen Familienvertrag. Die Rudolfinische Hausordnung legt den ungeteilten Besitz der habsburgischen Länder fest, wobei dem Ältesten gewisse Vorrechte eingeräumt werden.

1365 12. März Herzog Rudolf IV. gründet die Wiener Universität. Da Kaiser Karl IV. Konkurrenz für die Prager deutsche Universität fürchtet, erreicht er bei Papst Urban V. (um 1310–1370), dass die Universität nur zum Teil anerkannt wird, denn sie hat noch keine theologische Fakultät. Diese wird erst 1384 bewilligt.

Juli Herzog Rudolf IV. führt in Mailand Verhandlungen wegen eine Heirat seines Bruders Leopold III. mit Viridis Visconti (1350–1414), der Tochter des Herzogs von Mailand Barnabó Visconti (1319–1385). Die Braut ist wegen ihrer reichen Mitgift („Hunderttausendguldentochter“) sehr begehrt.

27. Juli Herzog Rudolf IV. stirbt, möglicherweise an einer infektiösen Nierenerkrankung, in Mailand. Zu Jahresende in der kalten Jahreszeit wird der Leichnam mit einem noch heute erhaltenen persischen Grabgewand bekleidet und, eingenäht in eine Ochsenhaut, nach Wien überführt. Er wird in St. Stephan beigesetzt. Nach seinem Tod übernehmen seine Brüder Albrecht III. und Leopold III. gemeinsam die Herrschaft.

1366 Kaiser Karl IV. schließt mit Albrecht III. einen Erbvertrag zwischen den beiden Familien, es ist nur eine Erneuerung des Vertrages von 1364.

9. Mai Kaiser Karl IV. belehnt in Wien die beiden Habsburger Albrecht III. und Leopold III. mit den Reichslehen und bestätigt ihre Privilegien.

Herzog Albrecht III. heiratet die Tochter Karls IV. Elisabeth (1358–1373).

1367 Herzog Albrecht III. stiftet möglicherweise den Ritterorden „von der Locke“, auch „Zopforden“ genannt. Es ist nur ein

Exemplar dieses Ordens, der damit der älteste österreichische Orden wäre, im Grazer Landesmuseum überliefert.

1368 Herzog Leopold III. erwirbt die Stadt und das Gebiet um Freiburg im Breisgau.

Herbst Die Triestiner, die sich im Streit mit der Republik Venedig befinden, ersuchen die Habsburger um ihren Schutz.

1369 Sommer In Kärnten kommt es zu einem von den Wittelsbachern geschürten Aufstand der Herren von Aufenstein gegen die Habsburger. Albrecht III. schlägt den Aufstand nieder, einer der Anführer stirbt bald in der Gefangenschaft, der zweite bleibt 28 Jahre gefangen.

Die Bayern fallen gleichzeitig in Tirol ein, auf das sie noch immer Ansprüche erheben, ziehen sich aber vor einem Heer von Leopold III. kampflos zurück.

31. August Triest unterstellt sich der habsburgischen Herrschaft.

3. September Mit dem Tod der Margarete Maultasch in Wien geht Tirol endgültig in habsburgischen Besitz über.

29. September Im Frieden von Schärding anerkennen die Wittelsbacher die Erwerbung Tirols durch die Habsburger. Letztere bezahlen den Bayern eine Entschädigung von 116.000 Gulden und treten die Städte Schärding und Rattenberg an Bayern ab.

1370 Im Streit um Triest erzielen die Habsburger mit den Venezianern einen Ausgleich, die Habsburger verzichten gegen eine Zahlung von 75.000 Goldgulden auf Triest.

Herbst Albrecht III. und Leopold III. schließen mit Graf Meinhard VI. von Görz († 1385) ein gegen Venedig gerichtetes Bündnis, da die Habsburger weiterhin am Erwerb Triests interessiert sind.

1373 Im Krieg mit Venedig erwerben die Habsburger die Städte Feltre und Belluno.

1374 Durch den Tod von Albert III. von Görz wird der Erbvertrag aus 1363 wirksam, die Habsburger erhalten Besitzungen in Istrien und der Windischen Mark.

1375 22. Mai Herzog Leopold III. erwirbt um 30.000 Goldgulden die Grafschaft Feldkirch, die mit dem Tod von Graf Rudolf V. 1390 endgültig an die Habsburger fällt.

1377 19. November Der Kaufvertrag über die Grafschaft Feldkirch muss erneuert werden, da Leopold III. bisher erst 3000 Gulden aufgebracht hat.

1378 16. Oktober In einer Urkunde verpflichtet sich Herzog Leopold III., keine Gebiete von der Grafschaft Feldkirch abzutrennen oder sie zu verpfänden.

1379 25. September Albrecht III. und Leopold III. schließen in Neuberg an der Mürz einen Teilungsvertrag, der die Herrschaft im Herzogtum Österreich an Albrecht III. und Steiermark, Kärnten, Krain, Istrien, Tirol und die Vorlande an Leopold III. überträgt. Damit werden die Albertinische Hausordnung von 1355 und die „Rudolfinische Hausordnung" von 1364 obsolet und die habsburgischen Ländern in eine leopoldinische und eine albertinische Linie aufgeteilt. Trotz der Zusicherung von gegenseitigem Erb- und Vorverkaufsrecht kommt es durch diesen Vertrag zu einer Schwächung der habsburgischen Politik bis zur Wiedervereinigung 1490.

Oktober Durch einen Kauf von König Wenzel I. (als König von Böhmen Wenzel IV., 1361–1419) erwirbt Leopold III. Landvogteien in Schwaben.

1380 9. Jänner Die verpfändeten Gebiete Dornbirn, Hinterer Bregenzerwald, Langenegg und Staufen fallen an die Habsburger, die die Freiheitsrechte bestätigen müssen.

17. Jänner König Wenzel I. bestätigt den Vertrag von Neuberg.

1381 Herzog Leopold III. erwirbt um 66.000 Gulden Besitzungen im Neckartal von Graf Rudolf III. von Hohenberg († 1389). Ziel dieser Erwerbungen ist es, eine Verbindung zwischen den Erbländern und den Vorlanden zu schaffen.

1382 30. September Die Stadt Triest stellt sich unter den Schutz von Herzog Leopold III. Damit gewinnen die Habsburger einen Zugang zum Meer und einen wichtigen Hafen.

1384/1385 In Wien entsteht die etwas seltsame „Chronik von den 95 Herrschaften", die möglicherweise fälschlich einem Augustiner-Eremiten zugeschrieben wurde. Jedenfalls beinhaltet sie eine frei erfundene österreichische Ur- und Frühgeschichte.

1384 Herzog Albrecht III. beruft den Theologen und Scholastiker Heinrich von Langenstein (1325–1397) an die Wiener Universität. Dieser renommierte Wissenschaftler wird Rektor der Universität, setzt Reformen durch und begründet ihren guten Ruf.

1385 21. Februar In Konstanz am Bodensee schließen die oberrheinischen Städte und die Schweizer Städte Luzern, Zürich, Zug und Solothurn ein Bündnis gegen eine weitere Ausweitung der habsburgischen Herrschaft in Schwaben.

28. Dezember Ein Luzerner Aufgebot überfällt die habsburgischen Ämter Rothenburg und Wollhusen.

1386 Herzog Leopold III. erteilt Heinrich Findelkind, einem Knecht auf der Arlenburg bei St. Anton, die Erlaubnis, auf dem Arlberg zur Sicherung des Übergangs ein Hospiz zu errichten. Zur finanziellen Absicherung wird die „Arlbergbruderschaft" gegründet, deren Mitglieder durch Spenden die Aufrechterhaltung des Hospizes finanzieren. Ihre Namen sind in Bruderschaftsbüchern verewigt.

22. Februar Der Kleinkrieg im Luzerner Gebiet wird mit einem Waffenstillstand beendet.

April Herzog Leopold III. beginnt von Aargau aus gegen die aufständischen Schweizer zu rüsten, verhandelt aber gleichzeitig.

9. Juli Herzog Leopold III. zieht mit einem Heer gegen Luzern. Bei Sempach trifft er auf das Aufgebot der Luzerner, die sich mit den Schwyzern, Urnern und Unterwaldnern vereinigt haben. Nach anfänglichen eidgenössischen Verlusten gewinnt das Schweizer Heer die Oberhand, Herzog Leopold III. und zahlreiche Mitkämpfer fallen. Viele prominente Mitglieder von Adelsfamilien finden den Tod, einige davon werden wie Herzog Leopold III. im Kloster Königsfelden beigesetzt.

10. Oktober Wilhelm (1370–1406), ältester Sohn Leopolds III., akzeptiert für sich und seine Geschwister die Vormundschaft Albrechts III.

12. Oktober Zwischen Luzern und den Habsburgern wird ein Waffenstillstand geschlossen.

1387 14. Jänner Friedensschluss zwischen Luzern und den Habsburgern.

1388 März Ein österreichisches Aufgebot zieht gegen Glarus.

9. April Bei Näfels erleiden die Habsburger erneut eine Niederlage gegen die Schweizer, das Heer aus gepanzerten Rittern muss hohe Verluste hinnehmen.

1389 1. April Herzog Albrecht III. schließt mit den Schweizern einen siebenjährigen Frieden, der deren Eroberungen bestätigt.

1390 2. Juni Herzog Albrecht III. schließt mit König Sigismund (1368-1437) von Ungarn, einem Luxemburger, und Markgraf Jobst von Mähren (1351-1411) ein Bündnis zur gegenseitigen Machtsicherung.

1394 Herzog Albrecht III. erwirbt von Graf Albrecht I. von Werdenberg-Heiligenberg die Herrschaft Bludenz in Vorarlberg. Die Übernahme erfolgt 1418 nach dem Tod des Grafen.

1395 22. November Nach dem Tod von Herzog Albrecht III. beansprucht Herzog Wilhelm, ein Sohn Leopolds III., als Ältester die Gesamtherrschaft über die habsburgischen Besitzungen. Daher schließt er mit seinem Vetter Albrecht IV. (1377–1404) den Vertrag von Hollenburg, der die Gleichberechtigung der beiden Herzöge und ihre wechselseitige Mitregierung festlegt. Dies entspricht auch dem letzten Willen Albrechts III. Unterstützung findet Wilhelm bei der Wiener Bürgerschaft. Der Adel hingegen will eine selbstständige Herrschaft Albrechts IV. Leopold IV. (1371–1411), Bruder Wilhelms, verwaltet die Vorlande, seine jüngeren Brüder Ernst (1377–1424) und Friedrich (1382-1439) gehen leer aus.

Dezember Die Habsburger schließen mit dem böhmischen König Wenzel einen Waffenstillstand.

1396 Wegen drohender Angriffe der Osmanen wird erstmals ein Landtag einberufen.

30. März Im Vertrag von Wien vereinbaren die Brüder Herzog Wilhelm und Herzog Leopold IV. eine völlige Gleichberechti-

gung. Letzterer erhält auch die Verwaltung Tirols und finanzielle Kompensationen.

25. September Nach der Niederlage von König Sigismund bei Nikopolis gegen die Osmanen unter Sultan Bajezid I. (1347–1403) dringen osmanische Streifscharen bis in die Steiermark vor.

1398 Herzog Albrecht IV., wegen seiner Frömmigkeit auch Frater Albertus (= Bruder Albert) genannt, unternimmt eine Pilgerfahrt in das Heilige Land.

1400 20. August Als die Kurfürsten König Wenzel als Reichsoberhaupt absetzen, ergreifen die Habsburger für die Luxemburger Partei und schließen ein Bündnis mit dessen Bruder König Sigismund von Ungarn.

1402 Herzog Wilhelm und Herzog Leopold IV. schließen den Vertrag von Bruck an der Mur, der den Wiener Vertrag von 1396 erneuert, und die beiden jüngeren Brüder an der Herrschaft beteiligt. Ernst (der Eiserne) herrscht mit in Innerösterreich, Friedrich IV. in Tirol.

Sommer Im Streit mit seinem Bruder Wenzel bringt ihn König Sigismund nach Wien, wo Wenzel gefangen gehalten wird. Außerdem ernennt er Albrecht IV. zu seinem Statthalter in Ungarn.

1403 In Ostösterreich kommt es zu spürbaren Teuerungen, da es ein Jahr zuvor ein Donauhochwasser und damit Missernten gab.

11. November Der böhmische König Wenzel kann mit Hilfe von Johann von Liechtenstein, Hofmeister Herzog Wilhelms, aus Wien fliehen.

21. November Herzog Wilhelm heiratet Johanna von Durazzo (1373–1435), die Schwester von König Ladislaus von Neapel aus dem Hause Anjou.

1404 März Zerwürfnisse unter den habsburgischen Herzögen werden mit einem weiteren Vertrag beigelegt, der gleiche Rechte für Albrecht IV. und Wilhelm vorsieht.

Juli/August König Sigismund von Ungarn und Herzog Albrecht IV. belagern Znaim, wo sich die Parteigänger König

Wenzels verschanzt haben. Beide Heerführer erkranken an der Ruhr.

14. September Herzog Albrecht IV. stirbt in Klosterneuburg vermutlich an der Ruhr. Sein Sohn Albrecht V. (1397–1439) wird Herzog von Österreich, steht aber noch unter der Vormundschaft von Herzog Wilhelm.

1405 6. März Herzog Friedrich IV. schließt mit der Stadt Konstanz am Bodensee ein Bündnis gegen die Appenzeller.

17. Juni Am Pass Stoß bei Altstätten erleidet Herzog Friedrich IV. eine Niederlage gegen die Appenzeller.

1406 24. Februar Herzog Leopold IV. und Herzog Friedrich IV. erlassen gemeinsam eine Landesordnung für Tirol.

15. Juli Nach dem Tod von Herzog Wilhelm kommt es zu einem erbitterten Streit der drei Brüder Leopold IV., Friedrich IV. und Ernst der Eiserne über die Aufteilung der Länder und wegen der Vormundschaft für Albrecht V.

6. August Die Stände der Länder ober und unter der Enns (= Ober- und Niederösterreich) erklären, nur einen Herzog zu akzeptieren, der von einem ständischen Ausschuss nominiert wird. Sie erklären Albrecht V. zum künftigen Landesfürsten.

14. September Herzog Leopold IV. und Herzog Ernst der Eiserne schließen eine Übereinkunft, nach der letzterer Herzog der Steiermark wird und auf die Vormundschaft für Albrecht V. verzichtet.

Herbst Herzog Friedrich IV. verlegt seine Residenz von Meran nach Innsbruck.

1407 Der Streit unter den habsburgischen Brüdern führt zu Parteiungen im Land und damit zu bewaffneten Auseinandersetzungen. In Wien etwa entscheiden sich die Ratsbürger für Herzog Ernst, die Handwerker und Armen für Herzog Leopold IV.

22. September Die Appenzeller belagern Bregenz, im Jänner 1408 brechen sie die Belagerung ohne Ergebnis ab.

November Ernst der Eiserne rückt in Wien ein, Leopold IV. zieht sich nach Wr. Neustadt zurück. In der Folge kommt es zu zermürbenden Kleinkriegen, über die der Historiograf Thomas Ebendorfer (1388–1464) aus eigener Anschauung berichtet.

1408 Durch Aussterben der Laufenburger Linie erben die Habsburger Laufenburg und Säckingen.

11. Juli Der Wiener Bürgermeister Konrad Vorlauf (*um 1335) und zwei seiner Parteigänger werden von den Handwerkern, die Leopold IV. anhängen, gefangen genommen. Nach einem dubiosen Prozess werden sie am Schweinemarkt hingerichtet.

1409 13. März Unter Vermittlung der Stände entscheidet König Sigismund von Ungarn, dass Leopold IV. und Ernst der Eiserne gemeinsam die Vormundschaft über Albrecht V. ausüben und die Einkünfte teilen sollen.

1410 Hieronymus von Prag (1365–1416), ein Anhänger des Jan Hus (um 1370–1415), predigt in Wien. Als sich Professoren der Universität gegen ihn stellen und ihm ein Prozess droht, flieht er nach Mähren.

Sommer In Österreich breitet sich die Pest aus, sie kommt erst im Frühjahr 1411 zum Erliegen.

20. September König Sigismund von Ungarn wird zum deutschen König gewählt.

1411 24. April Herzog Albrecht V. wird volljährig, doch weder Herzog Ernst noch Herzog Leopold IV. wollen die Vormundschaft aufgeben, daraufhin entführen die österreichischen Stände Herzog Albrecht V. aus der Burg Starhemberg, wo er sich wegen der Pestepidemie aufhält, und erklären ihn in Eggenburg für volljährig.

3. Juni Nach dem plötzlichen Tod von Herzog Leopold IV. zieht sich Herzog Ernst in die Steiermark zurück. Eine Dreiteilung des habsburgischen Besitzes wird definitiv: Herzog Albrecht V. regiert in Österreich, Herzog Ernst in der Steiermark (= Innerösterreich) und Herzog Friedrich IV. in Tirol und den Vorlanden.

13. Oktober König Sigismund akzeptiert die Volljährigkeit von Herzog Albrecht V. und verlobt ihn mit seiner Tochter Elisabeth (1409–1442).

30. Oktober Herzog Ernst verzichtet auf alle Ansprüche auf Österreich.

1412 Herzog Albrecht V. erlässt einen Landfrieden, die Stände ihrerseits bewilligen eine außerordentliche Steuer zur Besserung der finanziellen Lage.

28. Mai Die Habsburger schließen mit den Eidgenossen den „Fünfzigjährigen Frieden", es ist eine Erweiterung des Abkommens aus 1388.

25. Juli Herzog Albrecht V. bestätigt der Stadt Wien ihre alten Rechte und Freiheiten.

1414 18. März Herzog Ernst der Eiserne lässt sich in traditioneller Weise auf dem Zollfeld in Kärnten huldigen.

15. Oktober Herzog Friedrich IV. schließt mit Papst Johannes XXIII. (um 1370–1419) einen Geheimvertrag, in dem er sich als Generalhauptmann für den Papst verdingt.

5. November Der Gegenpapst Johannes XXIII. eröffnet das Konzil von Konstanz; es soll das Schisma beenden und eine Reform der Kirche einleiten. Zudem ist die Frage des Hussitentums zu lösen.

1415 Papst Johannes XXIII. flieht mit Hilfe von Herzog Friedrich IV. aus Konstanz in der Verkleidung eines Stallknechts.

30. März Wegen seiner Fluchthilfe für den Gegenpapst Johannes XXIII. verhängt König Sigismund über Herzog Friedrich IV. die Reichsacht.

30. April Herzog Friedrich IV. stellt sich in Konstanz den Reichsbehörden und wird gefangen genommen.

1416 30. März Herzog Friedrich IV. flieht aus Konstanz und kehrt nach Tirol zurück.

1417 1. Jänner Herzog Friedrich IV. und Herzog Ernst schließen einen Vergleich dahingehend, dass die Länder ungeteilt bleiben und die Einkünfte aufgeteilt werden sollen.

14. Juni Graf Friedrich von Toggenburg erobert mit Hilfe der Zürcher die Feldkircher Schattenburg, die wenige Monate zuvor von König Sigismund an ihn verpfändet worden ist.

1418 Mit dem Amtsantritt von Abt Nikolaus Seyringer (1360–1425) setzt in Melk und in der Folge in anderen Benediktinerklöstern, etwa im Wiener Schottenstift, die Melker Reform ein. Auch die Klöster Seitenstetten, Kremsmünster und Garsten erhielten neue Vorsteher. Die Regeln des klösterlichen Lebens, wie Armutsgelübde, Disziplin und Beachtung der liturgischen Regeln, werden wieder strenger gehandhabt.

Unter der Führung des Minnesängers Oswald von Wolkenstein (1377–1445) erhebt sich der Tiroler Adel gegen den geächteten Herzog Friedrich IV.

12. Mai König Sigismund und Friedrich IV. schließen einen Vergleich: Die Eidgenossen dürfen die zwischenzeitlich an sich gebrachten ehemaligen habsburgischen Besitzungen behalten; nur Thurgau und die Stadt Laufenburg bleiben in habsburgischem Besitz. Alle übrigen Besitztümer erhält Friedrich IV. zurück, die verpfändeten Besitzungen in Vorderösterreich darf er auslösen.

Sommer In Böhmen breiten sich durch die Hussiten Unruhen aus, die auch auf niederösterreichisches Gebiet übergreifen. Herzog Albrecht V. ergreift sofort Gegenmaßnahmen.

1419 30. Juli Hussiten unter Johann Žiska (1360–1424) stürmen das Prager Rathaus und werfen zwei Ratsherrn aus dem Fenster. Dieser so genannte erste Prager Fenstersturz löst langjährige Unruhen aus, die auch immer wieder auf österreichisches Gebiet übergreifen.

16. August Nach dem Tod von König Wenzel wird sein Bruder König Sigismund nun auch König von Böhmen.

1420 23. Mai Herzog Albrecht V. erteilt den Befehl, die Juden in den österreichischen Städten gefangen zu nehmen und ihr Vermögen einzuziehen. Angebliche Hostienschändungen und das Verschleppen von Christenkindern werden vorgeschützt, um sich des Hab und Guts der Juden zu bemächtigen. Außerdem hat Albrecht V. sie in Verdacht, Kontakte zu den Hussiten zu pflegen.

Um 1421 In diesem Zeitraum entsteht der so genannte Albertinische Stadtplan von Wien, auf dem etwa der Stephansdom mit zwei Türmen eingezeichnet ist. Das bedeutet, dass man damals noch mit der Fertigstellung des Nordturmes rechnete. Auch die Burg und die Universität sind eingezeichnet.

1421 Frühjahr Herzog Albrecht V. befiehlt ein generelles Aufgebot aller wehrfähigen Männer zwischen 16 und 70 Jahren, um der Hussitenplage Herr zu werden.

12. März Auf der Gänseweide in Erdberg bei Wien werden 210 Juden verbrannt, womit die grauenvolle Judenverfolgung ihren Höhepunkt erreicht.

25. März König Sigismund belehnt Herzog Albrecht V. mit seinen Ländern und bestätigt ihm das Privilegium maius.

28. September König Sigismund und Herzog Albrecht V. schließen in Pressburg einen Vertrag, in dem der Österreicher Waffenhilfe im Kampf gegen die Hussiten zusagt. Gleichzeitig heiratet er Sigismunds Tochter Elisabeth, mit der er bereits verlobt ist. Sie bringt ihm eine Mitgift von 100.000 Dukaten.

1422 Das jüdische Ghetto um den Wiener Judenplatz wird liquidiert.

23. März König Sigismund überträgt Herzog Albrecht V. die Statthalterschaft von Mähren.

Ende April/Anfang Mai Hussitische Streifscharen dringen bis Zwettl vor.

1423 Am Tiroler Landtag in Meran nehmen erstmals Bauernvertreter aus den Tälern Fleims und Pergine sowie aus Tramin teil.

Herzog Ernst wird von Papst Martin V. (1368–1431) wegen dessen Konflikte mit dem Hochstift Salzburg mit dem Kirchenbann belegt.

4. Oktober König Sigismund belehnt Herzog Albrecht V. feierlich mit Mähren.

1424 November/Dezember Auch nach dem Tod des Hussitenführers Johann Žiska im Oktober unternehmen die Hussiten Streifzüge nach Österreich.

1425 März Herzog Albrecht V. startet einen Feldzug gegen die Hussiten. Für die Zeit seiner Abwesenheit setzte er „Anwälte" ein, die in seiner Vertretung die Amtsgeschäfte führen sollen.

11. Juni In den Ländern ob und unter der Enns werden zur besseren Bekämpfung der Hussiten Viertelhauptleute eingesetzt.

November Die Hussiten zerstören im Waldviertel 30 Ortschaften, sie belagern und erstürmen die Stadt Retz, wo sie die Bewohner niedermetzeln.

1426 Bei einem neuerlichen Hussitenüberfall wird Feldsberg eingeäschert, die Hussiten dringen bis Stockerau vor.

Jahresende Die Hussiten erobern Altweitra im nördlichen Waldviertel.

1427 1. Jänner Die Hussiten erobern Stift Zwettl, Kirche und Kloster werden niedergebrannt, nur mit Mühe können Kirchenschatz und Klosterbibliothek gerettet werden.

25. März Bei Zwettl liefert sich ein Aufgebot aus Oberösterreich eine Schlacht mit den Hussiten, die siegreich bleiben und die gesamte Umgebung verwüsten. Angeblich sollen 9000 Menschen in diesem Gemetzel gefallen sein.

1428 Mai Ein neuerlicher Einfall der Hussiten lässt diese bis ins Marchfeld und an die Donau bei Nussdorf vordringen.

Sommer Die Hussiten fallen in Oberösterreich ein und verheeren die Landstriche bis zur Donau.

1429 März Auf dem Rückweg von einem Feldzug gegen Ungarn belagern die Hussiten die Stadt Eggenburg. Als ein Entsatzheer heranzieht, geben sie die Belagerung auf.

1430 Ostern Thaya und Stift Altenburg werden von einem Hussitenheer zerstört.

1431 26. April Herzog Albrecht V. erlässt im Einvernehmen mit dem Landtag eine Landwehrordnung.

August Ein Reichsheer zieht gegen Böhmen, gleichzeitig führt Herzog Albrecht V. von Süden her einen Angriff gegen die Hussiten.

14. August In der Schlacht bei Taus in Böhmen wird das Reichsheer von den Hussiten in die Flucht geschlagen

14. Oktober Die Hussiten erleiden bei Waidhofen an der Thaya eine schwere Niederlage.

Mitte Dezember Die Hussiten brennen Litschau im Waldviertel nieder.

1432 Trotz der Verhandlungen mit den Hussiten während des Konzils von Basel fallen diese immer wieder in Österreich ein.

1433 Erstes Halbjahr Herzog Albrecht V. führt mit den Hussiten Verhandlungen, die in einen Waffenstillstand münden.

16. März Herzog Albrecht V. gründet den „Orden vom Adler" (Devise: Thue recht und scheue Niemand) zur Bekämpfung des religiösen Fanatismus.

30. September Der Baumeister Hans von Prachatitz († zwischen 1435 und 1437) vollendet den Südturm der Wiener Stephanskirche.

30. November Der Beschluss der Prager Kompaktaten, der vom Basler Konzils genehmigt und den Hussiten den Empfang des Abendmahls in beiderlei Gestalt gewährt, führt zu einem Ausgleich mit den Hussiten.

1434 4. März Herzog Albrecht V. schließt mit den Hussiten einen fünfjährigen Landfrieden.

9. September Die Stände Mährens anerkennen Herzog Albrecht V. als Markgrafen.

1435 Mai Ein Schiedsspruch von Herzog Albrecht V. beendet die vormundschaftliche Regierung von Friedrich IV. über Innerösterreich, die Herrschaft tritt Friedrich V. (1415–1493), Sohn von Herzog Ernst dem Eisernen, an.

1436 Kaiser Sigismund erhebt die Grafen von Cilli in den Reichsfürstenstand. Er selbst war in zweiter Ehe mit Babara von Cilli (um 1393–1441) verheiratet.

5. Juli Am Landtag von Iglau beschwört Kaiser Sigismund die Prager Kompaktaten und wird somit als König von Böhmen anerkannt. Damit finden auch die Hussitenkriege ihr Ende.

1437 8. Dezember Nach dem Tod von Kaiser Sigismund wird der österreichische Herzog Albrecht V. König von Böhmen und Ungarn, auch im Reich hat er gute Chancen, die Nachfolge seines Schwiegervaters anzutreten.

27. Dezember Die böhmischen Stände wählen Albrecht V. zum König.

1438 1. Jänner Albrecht V. wird in Szekesfehérvár (Stuhlweißenburg) zum König von Ungarn gekrönt.

18. März Albrecht V. wird in Frankfurt einstimmig zum deutschen König gewählt, als solcher wird er als Albrecht II. gezählt.

29. April Albrecht V. nimmt die Wahl zum deutschen König an. Grund der Verzögerung dürfte die nicht ganz geklärte Frage um die böhmische Kurfürstenwürde sein. Erstmals befinden sich damit die deutsche Königskrone und die Herrschaft in Österreich, Böhmen und Ungarn in einer Hand.

29. Mai Von der nationalen böhmischen Partei, die die katholischen Habsburger ablehnen, wird Kasimir von Polen (1427-1492) zum König von Böhmen gewählt.

29. Juni König Albrecht II. wird im Prager Veitsdom zum König von Böhmen gekrönt.

Juli König Albrecht II. beruft einen Reichstag nach Nürnberg ein; er legt den Entwurf einer Reichsfriedensordnung vor. Es wird keine Einigung erzielt.

Herbst König Albrecht II. zwingt ein polnisches Heer, das das Königtum von Prinz Kasimir durchsetzen will, zum Abzug.

25. November/3. Dezember Die schlesischen Fürsten huldigen König Albrecht II. als böhmischem König.

1439 Die Leobner Eisenhandelsgesellschaft wird gegründet.

10. Februar Prinz Kasimir von Polen schließt mit König Albrecht II. einen Waffenstillstand, er gibt seine Ansprüche auf Böhmen auf.

April Die Osmanen fallen im südlichen Siebenbürgen ein und erobern die Donaufestung Semendria. König Albrecht II. verfügt nur über eine schwaches Heer.
In Wien wird die erste Brücke über die Donau errichtet.

24, Juni Nach dem Tod von Herzog Friedrich IV. von Tirol übernimmt Herzog Friedrich V. von Steiermark und Kärnten die Vormundschaft für dessen minderjährigen Sohn Sigmund (1427–1496).

27. Oktober In Gran (Esztergom) an der Donau stirbt König Albrecht II., der sich auf einem Feldzug gegen die Türken befunden hat, an der Ruhr.

1440 2. Februar Herzog Friedrich V. von Steiermark und Kärnten wird in Frankfurt am Main zum deutschen König gewählt. Als König wird er als Friedrich IV. gezählt.

22. Februar In Komorn wird Ladislaus († 1457), der nachgeborene Sohn von Albrecht II., geboren. Er erhält deshalb den Beinamen „Postumus". Sein Vater hat bereits 1439 testamentarische Verfügungen für seinen Sohn getroffen, er sollte in Pressburg erzogen werden, seine Vormundschaft soll seine Mutter Elisabeth übernehmen und der Senior des Hauses Habsburg, denen ein Ratskollegium, bestehend aus Böhmen, Ungarn und Österreichern zur Seite steht.

6. April Herzog Friedrich V. nimmt die Wahl zum deutschen König an.

10. April Königinwitwe Elisabeth überträgt die Vormundschaft für ihren kürzlich geborenen Sohn Ladislaus an Herzog Albrecht VI. (1418–1463).

14. Mai Ladislaus Postumus wird in Szekesfehérvár mit der Stephanskrone zum König von Ungarn gekrönt. Zuvor hatte Elisabeths Kammerfrau Helene Kottaner (1400–1457) auf abenteuerliche Weise die Krone aus der Burg Visegrád, wo sie aufbewahrt wurde, entwendet.

17. Juli Die nationale ungarische Gegenpartei wählt König Wladislaw III. Jagello (1423–1444) von Polen zum König von Ungarn.

23. August König Friedrich IV. einigt sich mit seinem Bruder Albrecht VI. wegen der Vormundschaft über Ladislaus Postumus: Der König übernimmt die Vormundschaft, unterstützt dessen Mutter Elisabeth in ihrem Kampf in Ungarn; Ladislaus kommt nach Wr. Neustadt zu seinem Vormund.

1441 12. Mai Ulrich von Eitzing (um 1398–1460), ein Söldnerführer, sendet mit 150 anderen Gläubigern König Friedrich IV. einen Fehdebrief wegen nicht bezahlter Soldforderungen.

7. Juli Die Stände vermitteln einen Vergleich zwischen König Friedrich IV. und Ulrich von Eitzing, letzterer wird unter die Räte aufgenommen; Friedrichs Finanzlage ist äußerst schlecht.

1442 König Friedrich IV. krönt Enea Silvio Piccolomini (1405–1464) zum Dichter und macht ihn zu seinem privaten Sekretär. Der Humanist hielt sich seit 1437 in Wien auf.

17. Juni Friedrich IV. wird in Aachen zum deutschen König gekrönt.

10. Dezember Nach dem Tod der Königinwitwe Elisabeth ist Friedrich IV. der alleinige Vormund von Ladislaus Postumus.

Nach 1442 Helene Kottaner diktiert ihre „Denkwürdigkeiten", in denen sie ihre Rolle beim Raub der Stephanskrone aus Visegrád beschreibt.

1443 Frühjahr/Sommer Raubzüge mährischer und böhmischer Streifscharen greifen auch auf Niederösterreich über.

Sommer König Friedrich IV. schließt mit dem polnischen König Wladislaw III., der über den größten Teil Ungarns gebietet, einen Waffenstillstand.

August König Friedrich IV. und sein Mündel Sigmund teilen den Tiroler Ständen mit, dass Friedrich die Vormundschaft für Sigmund für weitere sechs Jahre verlängert. Die Tiroler Stände legen Protest ein.

3. November Ein Landtag in Meran fasst den Beschluss, vom König keine Befehle mehr entgegenzunehmen, keine Steuern und Abgaben an ihn abzuführen und Vorkehrungen gegen militärisches Einschreiten des Königs zu treffen.

Jahresende Die Tiroler Stände wählen einen Ausschuss, der Sigmunds Rechte wahren und die Regierungsgeschäfte in seinem Namen führen soll.

1444 30. April Die Appenzeller erklären Österreich den Krieg.

30. August König Friedrich IV. überträgt Herzog Albrecht VI. (1418–1463) im Namen von Herzog Sigmund die Regierung in allen österreichischen Besitzungen jenseits des Arlbergs und des Fernpasses. Diese Regelung erfolgt zur Bekämpfung der Eidgenossen und ist mit 1448 befristet.

10. November König Wladislaw III. fällt in der Schlacht bei Varna gegen die Osmanen. Er hat sich von Papst Eugen IV. (um 1383–1447) und dessen Legaten Julian Cesarini (1398–1444), der bei Varna fällt, zu diesem Feldzug überreden lassen.

1445 Die Ungarn anerkennen Ladislaus Postumus als König, zu seinem Vormund bestimmen sie den Heerführer János Hunyadi (um 1407–1456).

Friedrich IV. und Sigmund von Tirol einigen sich, Tirol gemeinsam als ungeteiltes Erbe zu verwalten.

Februar In Znaim findet ein gemeinsamer Landtag der österreichischen und mährischen Stände statt, um das Problem der Raubzüge zu lösen.

1446 6. März In der Schlacht von Ragaz bleiben die Eidgenossen über ein österreichisches Heer unter Hans von Rechberg (1410–1464) siegreich.

Die Stände von Österreich und Mähren beschließen einen Landfrieden.

6. April König Friedrich IV., Herzog Sigmund und Herzog Albrecht VI. einigen sich auf eine für sechs Jahre gültige Hausordnung: Friedrich erhielt Innerösterreich (= Steiermark, Kärnten, Krain und Istrien), Albrecht die Vorlande und Sigmund Tirol und Vorarlberg.

21. September Der Rat der Stadt Wien bestellt Meister Hans Puchspaum (vor 1390 – nach 1445) zum Dombaumeister.

1447 1. Juni König Friedrich IV. und János Hunyadi schließen in Radkersburg ein Abkommen, dass Ladislaus Postumus weiterhin in der Obhut des Königs bleibt.

1448 Neuerlich fallen böhmische Streifscharen im nördlichen und östlichen Niederösterreich ein; die Stände überlegen ein Volksaufgebot.

17. Februar König Friedrich IV. besiegelt in Wien ein Reichskonkordat, das Kardinal Juan Carvajal (1400–1469) als Vertreter von Papst Nikolaus V. (1397–1455) seit dem Vorjahr verhandelt hat. Es regelt die Beziehungen zwischen dem Reich und Rom.

3. September Georg Podiebrad (1420–1471), 1444 von den böhmischen Ständen zum Reichsverweser bestellt, erobert mit einem Handstreich Prag. König Friedrich IV. hat sich seinerzeit nicht um die böhmische Krone bemüht.

1149 3. September Auf einem Landtag in Krems werden bindende Beschlüsse zur Landesverteidigung gefasst.

1450 Der Grundstein für den Nordturm der Stephanskirche in Wien wird gelegt.

Jahresbeginn Graf Ulrich II. von Cilli (um 1406-1456) bekämpft erfolgreich die böhmischen Streifscharen des Söldnerführers Pankraz von Holitsch.

4. März Herzog Albrecht VI. überträgt die Markgrafschaft Burgau, Freiburg im Uechtland, den Thurgau, den Hegau und einige andere Besitzungen an Sigmund von Tirol.

22. Oktober In Pressburg schließen König Friedrich IV. und János Hunyadi einen Vergleich, demzufolge Friedrich Hunyadi als ungarischen Reichsverweser für Ladislaus Postumus anerkennt, letzterer aber bei Friedrich IV. bis 1458 bleiben soll.

1451/52 König Friedrich IV. anerkennt in Böhmen Georg Podiebrad als Regenten und Landesverweser für Ladislaus Postumus.

1451 König Friedrich IV. ließ sich von Papst Nikolaus V. bestätigen, dass die Kirche keinen Einwand gegen die Ansiedlung von Juden erhebt. Friedrich nimmt den Juden gegenüber eine zeituntypische tolerante Haltung ein.

In Wien predigt der Franziskanerpater Johannes Capistran (1386–1456) gegen die Türken.

14. Oktober In Mailberg schließen die österreichischen Stände ein Bündnis mit Graf Ulrich II. von Cilli, Ladislaus Postumus möglichst bald aus den Händen von Friedrich IV. zu befreien, da sie ihn als rechtmäßigen Landesherrn anerkennen. Dieses Mailberger Dokument ist wegen der Fülle der anhängenden Siegel von großer Bedeutung.

November König Friedrich IV. begibt sich auf eine Reise nach Rom; er nimmt Ladislaus Postumus mit und durchkreuzt damit die Pläne der österreichischen Stände.

1452 5. März Die ständische Opposition gegen König Friedrich IV. hält eine Heerschau ab und verbündet sich mit János Hunyadi.

16. März König Friedrich IV. heiratet in Rom Eleonore von Portugal (1436-1467). Der gotische Brautwagen, der bei dieser

Zeremonie verwendet wurde, ist im Grazer Museum Joanneum erhalten.

19. März König Friedrich IV. wird in Rom zum Kaiser gekrönt und führt nun die Bezeichnung Kaiser Friedrich III.

4. April Papst Nikolaus V. bedroht die oppositionellen Stände mit dem Kirchenbann, sollten sie sich nicht dem Kaiser unterwerfen.

20. Juni Aus Rom zurückgekehrt, begibt sich Kaiser Friedrich III. nach Wr. Neustadt.

27. Juli Die österreichischen Stände senden Kaiser Friedrich III. einen Absagebrief.

Ende Juli Es kommt zu Kampfhandlungen zwischen kaiserlichen und ständischen Truppen, beide Seiten erzielen kleinere Erfolge.

28. August Wr. Neustadt, das vom Söldnerführer Andreas Baumkircher (um 1420–1471) verteidigt wird, wird von einem ständischen Heer belagert.

1. September Kaiser Friedrich III. schließt mit den Ständen einen Vergleich, die besetzten Städte werden zurückgegeben, Ladislaus Postumus wird an Ulrich II. von Cilli übergeben. Ladislaus' Großmutter Barbara von Cilli war eine Tante von Ulrich II.

6. September Ladislaus Postumus zieht feierlich als Landesherr in Wien ein.

1453 6. Jänner Kaiser Friedrich III. bestätigt in Wr. Neustadt das seinerzeit gefälschte Privilegium maius. Damit wird der Titel „Erzherzog" gleichsam amtlich.

23. Mai Ladislaus Postumus ordnet die Anlage von Korn- und Mehlspeichern in Wien an. In Notzeiten sollen Korn und Mehl billig an die Bevölkerung abgegeben werden.

18. September Beim Landtag von Korneuburg zieht Ulrich von Eitzing Ladislaus Postumus auf seine Seite, indem er Ulrich II. von Cilli unrechtmäßiger Taten zeiht.

4./5. Oktober Nachts zwingen die Anhänger von Ulrich von Eitzing Ulrich II. von Cilli, die Burg und die Stadt zu verlassen.

13. Oktober Ab nun führen zwölf ständische Anwälte die Verwaltung in Ober- und Niederösterreich für Ladislaus Postumus.

27. Oktober Ulrich von Eitzing schließt mit Georg Podiebrad und János Hunyadi ein Ankommen zur Wahrung der wechselseitigen Interessen.

28. Oktober Ladislaus Postumus wird in Prag zum König von Böhmen gekrönt.

1455 16. Februar Ladislaus Postumus versöhnt sich mit seinem Onkel Ulrich II. von Cilli, der wieder sein Ratgeber wird. Ulrich von Eitzing flieht aus der Stadt.

6. Dezember Eine bayerisch-österreichische Münzkonferenz in Linz zur Vereinheitlichung der Münzprägungen, vor allem wegen des ständigen Münzverfalls (d. h. die Münzen haben weniger Edelmetallwert), scheitert.

1456/1460 Österreich wird von einer Wirtschaftskrise heimgesucht. Missernten in den Jahren 1458 und 1459, sowie der weitere Verfall des Geldes (die wertlosen Münzen werden „Schinderlinge“ genannt), lässt den Goldwert auf das Achtfache steigen.

1456 14. April Durch eine Münzordnung, nach der drei alte gegen zwei neue Münzen getauscht werden, versucht Ladislaus der Finanzkrise Herr zu werden.

22. Juli Ein christliches Heer unter dem Kommando von János Hunyadi fügt den Osmanen in der Schlacht bei Belgrad eine schwere Niederlage zu. Johannes von Capistran hat im Heerlager aufputschende Predigten gegen die Türken gehalten.

11. August János Hunyadi stirbt in Semlin an der Pest. Daraufhin zieht Ladislaus Postumus nach Ungarn, um dort seine Rechte wahrzunehmen.

November König Ladislaus Postumus ernennt Ulrich II. von Cilli zum obersten Reichskapitän von Ungarn.

9. November Ulrich II. von Cilli wird im Verlauf eines Streites von einem Gefolgsmann von Ladislaus Hunyadi (1433–1457), dem älteren Sohn von János Hunyadi, in Belgrad ermordet. Da

Ulrich von Cilli keine Nachkommen hat, fällt die Grafschaft Cilli an die Habsburger.

1457 16. März Um den Tod seines Onkels zu rächen, lässt Ladislaus Postumus Ladislaus Hunyadi trotz Intervention eines päpstlichen Legaten in Budapest enthaupten, sein Bruder Matthias (1443–1490) und Vertrauensleute der Familie Hunyadi werden eingekerkert. Als Ladislaus Ungarn wegen eines drohenden Aufstandes eilig verlässt, nimmt er Matthias mit, der erst in Altlengbach und dann in Gutenstein inhaftiert wird.

8. August Auf einem Landtag in Korneuburg sollen die Zerwürfnisse zwischen Kaiser Friedrich III. und Ladislaus Postumus, der über Ulrich von Eitzing in die Abhängigkeit Georg Podiebrads geraten ist, klären.

23. November König Ladislaus Postumus stirbt überraschend in Prag, wo er mit Magdalena von Frankreich (1443–1495), einer Tochter von König Karl VII. (1403–1461), Hochzeit feiern wollte.

26. November Der Wiener Bürgermeister Jakob Starch (vor 1447–1471) und der Rat der Stadt Wien beschließen eine „Ordnung zur Bewahrung der Stadt“. Die Stadttore werden besonders bewacht, Söldner angeworben.

4. Dezember Die Stände Oberösterreichs beschließen einen Landfrieden bis zur Einigung im Nachfolgestreit.

5. Dezember Kaiser Friedrich III. erhebt in einem Schreiben an die Stadt Wien Ansprüche auf die Erbschaft nach Ladislaus. Die Stadt will neutral bleiben.

1458 21. Jänner Bei einem Landtag in Wien beschließen die Stände Maßnahmen gegen das vor allem im Marchfeld herrschende Bandenunwesen. Im Erbschaftsstreit wollen sie die Unteilbarkeit der Länder gewahrt wissen.

24. Jänner In Ofen wird Matthias Hunyadi, der sich schon im November des Vorjahres in Prag mit Katharina Podiebrad (1449–1464) verlobt hatte, von den Magnaten zum neuen ungarischen König gewählt.

29. März Erzherzog Albrecht VI. zieht mit einem Söldnerheer gegen den im Marchfeld operierenden Bandenführer Ludwen-

ko. Mehr als 500 der Banditen werden gefangen genommen und in Wien hingerichtet.

Mitte Mai Ein Landtag in Wien, zur Regelung der Erbschaftsfrage in Österreich, bleibt ohne Ergebnis.

3. August In Wr. Neustadt wird unter den Brüdern eine Regelung beschlossen. Sigmund von Tirol verzichtet auf seinen Drittelanspruch zu Gunsten von Erzherzog Albrecht VI., Kaiser Friedrich III. erhält Niederösterreich, Albrecht VI. Oberösterreich.

2. Oktober Kaiser Friedrich III. schließt mit dem böhmischen König Georg Podiebrad einen Vertrag, der die Differenzen zwischen den beiden beseitigt. Das böhmische Heer verlässt Niederösterreich.

1459 17. Februar Unzufriedene ungarische Magnaten, vor allem die Familien Garai und Ujlaki und Parteigänger der Habsburger wählen auf Bürg Güssing Kaiser Friedrich III. zum König von Ungarn.

7. April Der neue ungarische König Matthias, der sich nach seinem Familienwappen Corvinus nennt, erleidet bei Körmend eine Niederlage gegen kaiserliche Truppen. Doch durch den Tod von Ladislaus Garai wird die kaiserliche Partei in Ungarn geschwächt, die meisten Verschwörer unterwerfen sich Matthias.

1460 Durch die Missernten der vergangenen beiden Jahre herrscht bittere Not; es bilden sich Räuberbanden. In Marchfeld errichtet der Freibeuter Gamaret Fronauer einen eigenen Räuberstaat, für den er Wegzölle und Mauten einhebt.

25. Jänner Mit dem Frieden von Pusarnitz wird der Streit um das Cilli-Erbe zwischen Kaiser Friedrich III. und den Grafen Johann († 1462) und Leonhard von Görz († 1500) beendet. Die Görzer mussten Ortenburg und alle Besitzungen östlich der Lienzer Klause samt der Stadt Lienz und Schloss Bruck an Kaiser Friedrich III. abtreten.

Mai Kardinal Johannes Bessarion (1403–1472), päpstlicher Legat, hält sich in Wien auf, um Kaiser Friedrich III. zu einem

Kreuzzug gegen die Türken zu animieren. Er reist im September unverrichteter Dinge wieder ab.

Sommer Nach wie vor versetzen Räuberbanden die Bevölkerung in Angst und Schrecken, der Kaiser unternimmt nichts dagegen.

1461 18. Februar Erzherzog Albrecht VI. schließt mit dem böhmischen König Georg Podiebrad ein Bündnis gegen Kaiser Friedrich III.

9. April Graf Johann von Görz, wegen des Vertrags von Pusarnitz ein Gegner von Kaiser Friedrich III., schließt sich dem Bündnis von Albrecht VI. an

Mai/Juni Kaiser Friedrich III. versucht vergeblich einen Landtag der Stände einzuberufen.

6. Juni Kaiser Friedrich III. richtet an Albrecht VI. und an Georg Podiebrad eine „Vermahnung", nichts gegen Kaiser und Reich zu unternehmen.

19. Juni Albrecht VI. erteilt seinem Bruder eine Absage, dieser schließen sich zahlreiche Mitglieder der österreichischen, böhmischen und mährischen Stände an. Insgesamt erhält Friedrich III. 486 Absagebriefe. Grund dafür ist die Untätigkeit Friedrichs gegen Räuberbanden und sonstige Missstände in den Ländern.

30. Juni Albrecht VI. führt ein Truppenkontingent nach Niederösterreich, sammelt seine Anhänger in St. Pölten und zieht mit diesen Truppen Richtung Wien.

1. August Heerführer des Kaisers, wie Andreas Baumkircher, ziehen ebenfalls mit ihren Truppen Richtung Wien.

6. August Der Wiener Bürgermeister Christian Prenner (vor 1448 – vor 1469) lehnt die Aufforderung Albrechts VI., die Stadt zu übergeben, ab.

12. August In einem Gefecht in der St. Nikla-Vorstadt (heutiger 3. Bezirk) schlagen die Wiener einen Angriff Albrechts VI. zurück.

2. September Kaiser Friedrich III. verleiht den Wienern aus Dankbarkeit ein neues Wappen mit dem Doppeladler; dieses wird Wien aber kurz darauf wieder entzogen.

6. September Durch Vermittlung von Georg Podiebrad schließen Kaiser Friedrich III. und Albrecht VI. in Laxenburg einen Waffenstillstand.

7. September Als Kaiser Friedrich III. einen ihm genehmen Bürgermeister in Wien installieren will, verweisen die Wiener auf die Unrechtmäßigkeit dieses Vorgehens und beharren auf ihrem Bürgermeister Wolfgang Holzer (vor 1442–1463).

6. Oktober Die Wiener erteilen dem Kaiser eine Absage, da er sich geweigert hat, gegen die plündernden Söldnerhorden vorzugehen, außer die Wiener bezahlen mindestens 3000 Gulden.

1462 Der Meistersinger Michael Behaim (1416 – nach 1474), ein Parteigänger des Kaisers, hält sich in Wien auf. Er schreibt das „Buch von den Wienern", in dem er über die Auseinandersetzungen zwischen Friedrich III. und Albrecht VI. berichtet. Aus seinem Hass gegen die Wiener macht er kein Hehl.

12. August Während eines Landtages in Wien verhaften die Stände den kaisertreuen Bürgermeister Christian Prenner.

15. August Kaiser Friedrich III. trifft mit einem Truppenaufgebot, bestehend aus Steirern und Kärntnern, in Wr. Neustadt ein.

19. August Die Wiener wählen neuerlich Wolfgang Holzer, einen Anhänger Albrechts VI., zum Bürgermeister.

25. August Erst nach langwierigen Verhandlungen lassen die Wiener den Kaiser in die Stadt ein.

Oktober Kaiserliche Söldner, denen der Sold nicht ausbezahlt worden ist, plündern vorwiegend im Süden der Stadt Wien.

16./17. Oktober Verärgert über die Untätigkeit des Kaisers, belagern die Wiener die Hofburg, wo sich Friedrich III. mit seiner Frau Eleonore und dem dreijährigen Maximilian (1459–1519) aufhalten.

1. November Erzherzog Albrecht VI. zieht in Wien ein.

18. November Ein Entsatzangriff des Georg Podiebrad, herbeigeholt von Andreas Baumkircher, scheitert.

2. Dezember Kaiser Friedrich III. schließt mit seinem Bruder Albrecht VI. einen Vertrag: Albrecht VI. gibt die niederösterrei-

chischen Eroberungen zurück, bleibt aber für acht Jahre an der Macht. Er entschädigt seinen Bruder jährlich mit 4000 Gulden.

4. Dezember Die Wiener heben die Belagerung der Burg auf, Friedrich III. begibt sich nach Korneuburg zum Heer des Georg Podiebrad.

26. Dezember Die Wiener leisten Erzherzog Albrecht VI. den Treueeid und übergeben ihm die Burg.

1463 Jahresbeginn Nach wie vor bedrängen Söldnerhorden den Raum um Wien.

8./9. April Wolfgang Holzer, der die Seiten wechseln will, unternimmt einen vergeblichen Putschversuch gegen Albrecht VI. Angeblich hat ihm der Kaiser 40.000 Gulden versprochen.

15. April Wolfgang Holzer, der zunächst fliehen konnte, aber in Nussdorf erkannt worden ist, wird im Auftrag von Albrecht VI. in Wien Am Hof gevierteilt.

19. April Kaiser Friedrich III. spricht die Reichsacht gegen Wien aus, was die Wiener keineswegs beeindruckt.

24. Juli Kaiser Friedrich III. schließt mit dem ungarischen König Matthias Corvinus den Vertrag von Wiener Neustadt, in dem er Matthias de facto als ungarischen König anerkennt, sichert sich aber in einem zusätzlichen Erbvertrag die Erbfolge. Friedrich III. verzichtet auf Ödenburg (Sopron), behält aber westungarische Gebiete, die etwa dem heutigen Burgenland entsprechen.

2. Dezember In Wien stirbt Erzherzog Albrecht VI., möglicherweise an der Pest. Damit ist der österreichische Erbstreit zu Gunsten von Friedrich III. entschieden.

13.–23. Dezember Auf einem Landtag in Hadersdorf am Kamp anerkennen die Stände Kaiser Friedrich III. als Landesherrn.

1464 Mitte Jänner Die Stadt Wien erklärt dem Kaiser schriftlich ihre Unterwerfung.

29. März König Matthias Corvinus wird in Szekesfehérvár mit der Stephanskrone zum König von Ungarn gekrönt.

4. Juli Im Vertrag von Wr. Neustadt verzichtet Erzherzog Sigmund von Tirol zu Gunsten von Friedrich III. auf alle An-

sprüche aus dem Erbe von Albrecht VI., außer Tirol und den Vorlanden.

6. Dezember Die Stadt Wien wird von Kaiser Friedrich III. wieder in Gnaden aufgenommen.

1466 Erneut verunsichern Söldnerbanden die Wiener Umgebung. Landtage im Vorjahr, die ihre Bekämpfung beschließen sollten, haben kein Ergebnis gebracht.

12. April Landmarschall Jörg von Pottendorf drängt im nördlichen Niederösterreich die Räuberbanden nach Mähren ab.

16. Juni In Oberösterreich erfolgt ein Aufgebot, da im Mühlviertel noch immer marodierende Räuberbanden unterwegs sind.

Herbst Kaiserin Eleonore wird auf der Strecke zwischen Baden und Heiligenkreuz von Jörg von Stein und Wilhelm von Puchheim überfallen. Ihr werden Schmuck und – zu ihrem besonderen Leidwesen – zwei Hemden geraubt. Da sie nur drei Stück besitzt, ist der Verlust von zweien sehr bedauerlich. Angeblich soll einer der Freibeuter die Hemden zurückgegeben haben, um sich Straffreiheit zu sichern.

November Böhmische Söldner überschreiten die Donau und überfallen Burgen und Schlösser.

23. Dezember König Matthias Corvinus nimmt die ihm von Papst Paul II. (1417–1471) angebotene böhmische Krone an. Georg Podiebrad war ihrer wegen Ketzerei verlustig gegangen. Der ungarische König fühlte sich Georg Podiebrad gegenüber nicht mehr verpflichtet, da dessen Tochter Katharina zwei Jahre zuvor im Kindbett gestorben ist.

1467 Erzherzog Sigmund von Tirol verpfändet Winterthur, die letzte habsburgische Besitzung in der Schweiz.

Jahresende Kaiserliche Truppen belagern die Stadt Steyr, die sich mit Georg Podiebrad verbündet hat.

29. Dezember Viktorin von Münsterberg (1443–1500), Sohn des Georg Podiebrad, fordert Kaiser Friedrich III. auf, seine Schulden an den böhmischen König zu bezahlen.

1468 8. Jänner Viktorin von Münsterberg schickt Kaiser Friedrich III. einen Absagebrief.

Frühjahr Truppen von Viktorin von Münsterberg fallen in Nieder- und Oberösterreich ein, sie bedrohen Freistadt und gelangen bis Stockerau.

9. April König Matthias Corvinus schickt ein aus 16.000 Mann bestehendes Heer gegen Mähren, es kommt aber nur zu kleinen Scharmützeln.

September Kaiser Friedrich III. bricht nach dem Tod seiner Gemahlin Eleonore zu einer Pilgerfahrt nach Rom auf.

Herbst Der steirische Adelsbund, der unter der Führung von Andreas Baumkircher steht, erhebt sich gegen Kaiser Friedrich III. Der noch immer ausstehende Sold für die Truppen soll sogar durch Plünderungen hereingebracht werden.

30. September/4. Oktober Kaiser Friedrich III. beruft die oberösterreichischen Stände zu einem Landtag nach Linz. Die niederösterreichischen Stände sollen sich am 4. Oktober in Korneuburg versammeln. Der Kaiser verlangt von den beiden Landtagen die Unterstützung für die in Böhmen und Mähren operierenden ungarischen Truppen. Er überlässt dafür die Einkünfte aus den beiden Ländern für ein Jahr an Matthias Corvinus.

1469 Anlässlich seines Aufenthaltes in Rom erwirkt Kaiser Friedrich III., dass Wien ein eigenes Bistum wird. Bisher ist Wien von Passau aus verwaltet worden.

Februar Die aufständischen steirischen Adeligen halten den Norden des Landes in ihrer Gewalt.

3. Mai König Matthias Corvinus wird in Olmütz von böhmischen Adeligen zum König gewählt, während Georg Podiebrad den polnischen Prinzen Wladislaw (1456–1516) als seinen Nachfolger nominiert. Viktorin von Münsterberg ist in Gefangenschaft des Matthias Corvinus.

9. Mai Erzherzog Sigmund von Tirol verpfändet im Vertrag von Saint-Omer Teile der Vorlande an den Burgunderherzog Karl den Kühnen (1432–1477), den er sich damit als Bundesgenossen gegen die Eidgenossen sichert.

21. Juli In der Schlacht bei Fürstenfeld unterliegen die kaiserlichen Truppen, kommandiert von Jan Holub, dem Aufgebot des Andreas Baumkircher.

August Triest wird von kaiserlichen Truppen erobert, die Schuldigen an der Erhebung werden bestraft.

Mitte August Böhmische Truppen fallen im Mühlviertel ein.

1470 11. Februar Ein Zusammentreffen von Kaiser Friedrich III. und Matthias Corvinus in Wien scheitert, da Friedrich III. eine Ehe seiner Tochter Kunigunde (1465–1520) mit Matthias ablehnt.

April In Völkermarkt findet ein Landtag der Stände von Kärnten, Steiermark und Krain statt, um Ruhe und Ordnung wieder herzustellen. Friedrich III. muss wegen dessen Erfolge dem Andreas Baumkircher freies Geleit zusichern.

29. Juni Die Stände Oberösterreichs beschließen in Linz eine Landwehrordnung.

30. Juni Kaiser Friedrich III. begnadigt Andreas Baumkircher auf Grund des erzielten Übereinkommens. Die Stände sollten Baumkircher eine hohe Entschädigung zahlen, die sie jedoch nicht aufbringen können.

1471 April Nach Zusicherung des freien Geleits kommen Andreas Baumkircher, sein Schwiegersohn Andreas Stubenberg und Andreas von Greisenegg nach Graz zu weiteren Verhandlungen.

23. April Unter Bruch des Geleits lässt Friedrich III. die drei Männer gefangen nehmen und ohne Prozess und Urteil hinrichten.

Mai-Dezember Die Unzufriedenheit der Adeligen mit Kaiser Friedrich III. wächst.

27. Mai Nach dem Tod von Georg Podiebrad wählen die böhmischen Adeligen Wladislaw, der von Friedrich III. unterstützt wird, zum König. Dies führt zu Spannungen mit Matthias Corvinus.

1472 König Matthias Corvinus verbündet sich mit unzufriedenen österreichischen Adeligen gegen Kaiser Friedrich III.

Sommer Osmanische Streifscharen dringen bis in die Steiermark vor, Kaiser Friedrich III. hat keine Truppen, die er ihnen entgegensetzen kann.

20. August Friedrich III. legt den Konflikt mit Matthias Corvinus bei, er verspricht, diesen als böhmischen König anzuerkennen, was er am 8. November öffentlich tut.

7. Dezember Die österreichischen Stände geloben, die Feindseligkeiten gegen Friedrich III. einzustellen.

1473 Erste Jahreshälfte In Ober- und Niederösterreich fallen böhmische Streifscharen ein, sie verwüsten das Land und brandschatzen Städte und Klöster, etwa Zwettl und Altenburg. Der niederösterreichische Adelsbund hebt weiterhin widerrechtlich Zölle und Mauten ein.

29. Juni In Wien findet ein vom Kaiser einberufener Landtag statt, der den Frieden in Niederösterreich wieder herstellen soll. Er bringt jedoch kein Ergebnis.

28. September Kaiser Friedrich III. und sein Sohn Maximilian treffen den Burgunderherzog Karl den Kühnen in Trier. Sie verhandeln wegen einer Eheschließung Maximilians mit Karls Tochter. Da Karl der Kühne aber einen Königstitel für ein erweitertes Burgund verlangt, werden die Verhandlungen vorerst ergebnislos abgebrochen. Die Anregung zu dieser Eheschließung geht noch auf Papst Pius II. zurück. Weitere Anbahnungsgespräche sind von Sigmund von Tirol geführt worden.

1474 11./13. März Kaiser Friedrich III. schließt mit Wladislaw von Böhmen einen Vertrag gegen Matthias Corvinus und die österreichischen Adeligen.

6. April Erzherzog Sigmund von Tirol kündigt den Vertrag von Saint-Omer und hinterlegt gleichzeitig die Pfandsumme für die an Karl den Kühnen verpfändeten Gebiete.

27. Mai Papst Sixtus IV. (1414–1484) verhängt über Intervention des Kaisers den Kirchenbann über den niederösterreichischen Adelsbund, was aber keinerlei Erfolg zeitigt.

11. Juni Erzherzog Sigmund von Tirol söhnt sich mit einem Vertrag, genannt „Ewige Richtung“, mit den Schweizer Eidgenossen aus. Er verzichtet auf alle Ansprüche.

8. Dezember Matthias Corvinus und Wladislaw schließen in Breslau einen Waffenstillstand für drei Jahre. Kaiser Friedrich III. muss sich diesem anschließen.

1475 Jahresbeginn Der niederösterreichische Adelsbund tritt in Verhandlungen mit Kaiser Friedrich III.

4. Februar In Großenzersdorf beenden die Stände die Verhandlungen mit den kaiserlichen Räten, beide Seiten wollen das Land befrieden.

Sommer König Matthias Corvinus sieht sich einer steigenden Anzahl von türkischen Einfällen gegenüber.

1476 Trotz Widerstand des Passauer Bischofs wird in Wr. Neustadt ein Bistum eingerichtet. Dieses ist schon 1469 gemeinsam mit dem Wiener Bistum durch eine päpstliche Bulle genehmigt worden.

Jahresbeginn Die Stände billigen eine Steuer, die der Sicherung des Landes dienen soll.

2. März Herzog Karl der Kühne unterliegt in der Schlacht bei Grandson einem eidgenössischen Heer.

6. Mai Der seit mehreren Jahren angebahnte Ehevertrag zwischen Friedrich III. und Karl dem Kühnen, betreffend Maximilian und Maria von Burgund (1457–1482), wird vereinbart.

22. Juni Karl der Kühne erleidet bei Murten eine neuerliche Niederlage gegen die Eidgenossen.

8. Dezember Kaiser Friedrich III. schließt mit Wladislaw einen Vertrag, in dem er ihn als böhmischen König anerkennt. Friedrich braucht Unterstützung in der Auseinandersetzung mit Matthias Corvinus und dem niederösterreichischen Adelsbund.

1477 Erzherzog Sigmund von Tirol verlegt die herzogliche Münzstätte von Meran nach Hall.

5. Jänner In der Schlacht bei Nancy fällt Herzog Karl der Kühne, er unterliegt einem Heer unter Führung des Lothringers

René II. (1451–1508), dem sich eidgenössische Söldner angeschlossen haben.

12. Juni König Matthias Corvinus erklärt Kaiser Friedrich III. den Krieg, da er durch Friedrichs Anerkennung von Wladislaw als böhmischen König sich in seinen Rechten verletzt sieht.

Juli Böhmische Hilfstruppen ziehen marodierend durch Niederösterreich.

18. Juli Die Truppen Kaiser Friedrichs III. belagern vergeblich Ebersdorf, den Hauptsitz des niederösterreichischen Adelsbunds.

10. August König Matthias überschreitet mit einer stattlichen Streitmacht die österreichischen Grenzen. Er erobert zahlreiche Städte und Burgen. Nur wenige befestigte Orte, etwa Hainburg, Krems und Wien leisten erfolgreich Widerstand. Kaiser Friedrich III. zieht sich nach Gmunden zurück.

19. August Erzherzog Maximilian heiratet in Gent Maria von Burgund.

Oktober Auf Grund eines päpstlichen Vermittlungsversuches entsendet König Matthias Corvinus eine Gesandtschaft nach Gmunden mit harten Friedensbedingungen.

1. Dezember Kaiser Friedrich III. schließt mit dem Ungarnkönig einen Friedensvertrag, er belehnt Matthias wieder mit Böhmen. Friedrich muss sich zu einer Kriegsentschädigung von 100.000 Gulden bereit finden, eine Summe, die er niemals aufbringen kann.

1478 19. Februar Auf einem Landtag in Krems sollen neue Steuern zur Tilgung der Kriegsschuld beschlossen werden. Die ständische Opposition verhindert dies.

20. April Auf einem Landtag in Wien verlangt König Matthias die Unterfertigung des Schuldbriefes. Die Stände verlangen im Gegenzug von Kaiser Friedrich III. bessere Münzen und Handelsfreiheiten.

Zweite Jahreshälfte Münzverschlechterung und drückende Steuern führen zu Bauernunruhen in Kärnten und der Steiermark.

21. Juli Wladislaw und König Matthias einigen sich bezüglich Böhmen: Wladislaw beherrscht Böhmen, Matthias Mähren, Schlesien und die Lausitz.

1479 Erste Jahreshälfte Der Salzburger Erzbischof Bernhard von Rohr (1421–1487), von Kaiser Friedrich III. unter Druck gesetzt, dass er abdanken solle, räumt dem ungarischen König Matthias die in Salzburger Besitz befindlichen Burgen in der Steiermark und Kärnten ein. Er schützt die drohende Türkengefahr vor. Unzufriedene Bauern und Adelige unterstützen den Ungarn.

17. August Mit dem Sieg in der Schlacht von Guinegate verteidigt Erzherzog Maximilian den größten Teil des burgundischen Erbes gegen den französischen König Ludwig XI. (1423–1483).

1480 Erste Jahreshälfte Böhmische Söldnerscharen verheeren das nördliche Nieder- und Oberösterreich.

Juli Ungarische Söldner fallen im Marchfeld ein.

Sommer Türkische Streifscharen ziehen marodierend von Kärnten bis in das Mürztal. Gleichzeitig wird die Steiermark von einer Heuschreckenplage heimgesucht.

15. August Osmanische Truppen stehen vor Graz; die Umgebung der Stadt wird verwüstet.

31. August Die Stände schließen einen Waffenstillstand mit den eingedrungenen Böhmen.

1481 Februar-Mai Ungarische Truppen unter dem Kommando des Söldnerführers Johann Zeleny fallen in Niederösterreich ein.

13. Mai Kaiser Friedrich III. schließt mit den Ungarn einen Waffenstillstand, der allerdings nur von kurzer Dauer ist.

Juli Am Reichstag in Nürnberg erhält Kaiser Friedrich III. die Zusage für Waffenhilfe aus dem Reich, der ungarische König Matthias Corvinus wird streng gemahnt.

August Ein kleines Kontingent sächsischer Truppen trifft zur Unterstützung von Kaiser Friedrich III. in Wien ein. Gleichzeitig ist der Kaiser in den Streit um die Bischofssitze Salzburg und Passau verstrickt. Inzwischen ziehen nicht bezahlte Söldner durchs Land und plündern.

1482 April Der ungarische König Matthias erklärt Friedrich III. offiziell den Krieg. Friedrich III. hat noch nichts von den vertraglich vereinbarten Zahlungen geleistet.

Mai Ungarische Truppen belagern Hainburg und Bruck an der Leitha.

30. September Der Kommandant von Hainburg übergibt die Stadt an die Ungarn gegen ein Handgeld von 3 000 Gulden.

Oktober Die Truppen von König Matthias erobern Baden bei Wien, Enzersdorf an der Fischa und St. Veit an der Triesting.

23. Dezember Erzherzog Maximilian schließt mit Frankreich den Vertrag von Arras: Das Herzogtum Burgund, ein französisches Lehen, kommt an Frankreich. Der Rest des Erbes von Maria von Burgund, die im März dieses Jahres verstorben ist, bleibt Maximilian. Gleichzeitig erfolgt eine Verlobung von Maximilians Tochter Margarete (1480–1530) mit dem französischen Dauphin, dem späteren Karl VIII. (1470–1498).

1483 25. April Die Stadt Klosterneburg ergibt sich König Matthias, da von Kaiser Friedrich III. keine Hilfe zu erwarten ist. Der ungarische König gewinnt die Gunst der Bewohner durch ein Handelsprivileg. Kaiser Friedrich III. zieht sich zuerst nach Wr. Neustadt und dann nach Graz zurück.

1484 An der Wiener Universität sind nur fünf Neuinskriptionen von Studenten, so wenig wie noch nie.

11. März Stadt und Festung Bruck an der Leitha müssen sich dem Ungarnkönig Matthias wegen Hungersnot ergeben.

19. April Ungarische Truppen beginnen mit der Belagerung von Korneuburg. Als Vorbereitung für eine Belagerung Wiens besetzen die Ungarn den Kahlenberg.

11. Mai Kaiserliche Truppen erleiden bei Leitzersdorf nahe Korneuburg eine Niederlage gegen die Ungarn.

November Da ungarische Truppen auch auf steirisches Gebiet vordringen, verlegt Kaiser Friedrich III. seinen Amtssitz nach Linz.

3. Dezember Die Stadt Korneuburg ergibt sich wegen Nahrungsmangels den Ungarn.

1485 6. Jänner Der Babenbergermarkgraf Leopold III. wird in Rom heilig gesprochen.

29. Jänner Der ungarische König Matthias Corvinus beginnt mit der Belagerung Wiens.

Februar Der Wiener Bürgermeister Stephan Een (vor 1469–1519) begibt sich nach Linz zu Kaiser Friedrich III., um Verstärkung zu erbitten. Er erhält nur Versprechungen.

28. Mai Infolge der schlechten Nahrungsmittelversorgung muss Wien kapitulieren.

1. Juni König Matthias Corvinus rückt mit seinen Truppen in großer Prachtentfaltung in Wien ein. Er vergisst nicht für Lebensmittelnachschub für die Stadt zu sorgen. Die Gunst der Wiener gewinnt der ungarische König durch zahlreiche Privilegien für die Stadt, er fördert die Künste und die Wissenschaft.

1486 Erzherzog Sigmund von Tirol lässt in der Münze von Hall einen Taler, Guldiner genannt, prägen.

16. Februar Erzherzog Maximilian wird auf dem Reichstag von Nürnberg zum römischen König gewählt. Dieser Titel wird ab nun üblich für den Nachfolger des Kaisers. Außerdem wird auf dem Reichstag ein Reichsheer in der Stärke von 34.000 Mann gegen den ungarischen König Matthias Corvinus bewilligt.

März Ungarische Truppen belagern Wr. Neustadt.

9. April Erzherzog Maximilian wird in Aachen gekrönt.

30. September Laa an der Thaya und Feldsberg werden von den Truppen des Matthias Corvinus erobert.

10. Oktober Die Stadt Retz muss sich dem ungarischen König ergeben.

1487 Mitte Jänner Matthias Corvinus übernimmt persönlich die Belagerung von Wr. Neustadt.

Ende März Endlich werden in Nürnberg die Geldmittel für das Heer gegen den ungarischen König flüssig gemacht. Kommandant der Truppe wird Albrecht von Sachsen (1443–1500), Schwiegervater Sigmunds von Tirol.

2. April Die Stände Oberösterreichs beschließen eine Unterstützung des Söldnerheeres.

Anfang Juli Herzog Albrecht von Sachsen bricht mit nur 3000 Mann von Nürnberg auf. Im August vereinigen sich die Truppen mit dem obderennsischen Aufgebot.

17. August Wr. Neustadt muss sich dem ungarischen König ergeben.

September Albrecht von Sachsen befestigt mit seinen Truppen die Orte Waidhofen an der Ybbs, Melk und Krems.

16. Dezember Matthias Corvinus schließt mit Albrecht von Sachsen in Markersdorf einen Waffenstillstand.

1488 In Wien werden erstmals „fliegende Blätter", Einblattdrucke, mit Nachrichten nach französischem Vorbild veröffentlicht.

5. Februar König Maximilian I. wird von den Bürgern der Stadt Brügge gefangen genommen, sie stehen dem Habsburger zunehmend feindlich gegenüber.

24. Februar Die Söldner Albrechts von Sachsen werden entlassen, Oberösterreich muss im Wege einer Steuer den ausständigen Sold aufbringen.

16. Mai König Maximilian I. wird wieder freigelassen, nachdem er sich in einem Vertrag verpflichtet hat, die Regierung in Flandern einem ständischen Rat zu übertragen.

20. August Auf einem Landtag in St. Pölten, an dem nicht nur Vertreter aus Niederösterreich, sondern auch aus der Steiermark, Kärnten und Krain teilnehmen, wird mit König Matthias über einen Friedensschluss verhandelt. Es kommt zu keinem Ergebnis.

1489 10. Februar König Matthias bestätigt die Privilegien der Wiener Universität, die er auch laufend finanziell unterstützt.

22. Juli König Maximilian I. schließt in Frankfurt am Main mit Karl VIII. von Frankreich Frieden. Der französische König anerkennt Maximilians Recht auf Flandern.

In Linz beginnen Verhandlungen zwischen König Maximilian I. und Vertretern des ungarischen Königs Matthias. Letzterer wäre gegen eine Zahlung von 700.000 Gulden zum Friedensschluss bereit, doch Maximilian kann nur 100.000 Gulden anbieten, was den Abschluss der Verhandlungen verzögert.

1490 Februar Der Waffenstillstand von Markersdorf wird bis September verlängert; noch immer sind ungarische Streifscharen in Niederösterreich unterwegs.

19. März Erzherzog Sigmund von Tirol verzichtet zu Gunsten von König Maximilian I. auf die Herrschaft in Tirol und in den Vorlanden.

6. April Völlig überraschend stirbt König Matthias Corvinus in Wien.

15. Juli Wladislaw von Böhmen wird zum ungarischen König gewählt.

Anfang August König Maximilian I. zieht mit einer Heerschar von Graz über den Semmering und erobert alle von den Ungarn besetzten Orte zurück.

17. August Wr. Neustadt öffnet seine Tore für König Maximilian I., die ungarische Besatzung kapituliert.

19. August König Maximilian I. zieht in Wien ein, nur in der Hofburg hält sich noch wenige Tage eine ungarische Besatzung.

23. August Wien leistet König Maximilian I. den Treueeid als Landesherrn.

29. August Die ungarische Besatzung in der Wiener Hofburg ergibt sich den Truppen König Maximilians I. Durch die Beschießung werden die Mauern der Burg schwer beschädigt.

5. September König Maximilian I. stellt sich einem Einfall schlesischer Söldner, die von König Wladislaw nach Österreich entsandt worden sind.

9. September Die Truppen Maximilians I. erobern Klosterneuburg zurück.

Oktober König Maximilian I. überschreitet mit seinen Truppen die ungarische Landesgrenze, um seine Ansprüche auf Ungarn zu untermauern.

17. November König Maximilian I. erobert Székesfehérvár, muss aber wegen Geldmangels den Feldzug abbrechen.

23. Dezember König Maximilian I. residiert in Wr. Neustadt.

1491 Böhmische Einheiten fallen im nördlichen Niederösterreich und Oberösterreich ein. König Maximilian I. gelingt es, sie über die Donau und jenseits der March zurückzudrängen.

7. November König Maximilian I. und Wladislaw von Ungarn und Böhmen schließen in Pressburg Frieden. Maximilian kann die westungarischen Gebiete behaupten, er behält den Titel eine Königs von Ungarn, die Thronfolgevereinbarungen von 1463 bleiben aufrecht.

15. November König Karl VIII. von Frankreich heiratet Anne de Bretagne (1476–1514), obwohl diese bereits seit 1490 durch Stellvertretung mit König Maximilian I. verheiratet ist. Da Karl VIII. damit auch das Verlöbnis mit Maximilians Tochter Margarete bricht, kommt es zum Konflikt.

1492 14. Jänner Kaiser Friedrich III. erteilt dem Pressburger Friedensschluss seine Zustimmung.

März In Linz findet ein Landtag der obderennsischen Stände wegen neuerlichen Einfalls mährischer Söldner statt.

Juni Landtag der niederösterreichischen Stände in Wien: Grund dafür ist, dass sich die Herrn von Puchheim der Stadt Horn bemächtigt haben.

1493 Mai Die „Schwarze Garde" König Wladislaws fällt in Niederösterreich ein; sie wird vom Landmarschall Christoph von Liechtenstein († 1506) zurückgeschlagen.

23. Mai König Maximilian I. und Karl VIII. von Frankreich schließen in Senlis Frieden. Erzherzogin Margarete, die bereits am Pariser Hof lebte, wird ehrenvoll in die Niederlande geleitet. Die Habsburger erhalten die Freigrafschaft Burgund zurück.

19. August Kaiser Friedrich III. stirbt in Linz, damit erbt König Maximilian I. die gesamten habsburgischen Territorien.

1494 König Maximilian I. heiratet in Innsbruck Bianca Maria Sforza (1472–1510), eine Nichte von Herzog Ludovico il Moro (1451–1508) von Mailand.

1495 26. März Auf dem Reichstag von Worms wird die Reichsreform König Maximilians I., die er nach dem Vorbild seines Schwiegervaters Karl der Kühne in die Wege geleitet hat, beschlossen. Anstelle ehrenamtlicher Lehensträger entscheiden nunmehr beamtete Funktionäre. Es wird ein „ewiger Landfriede" beschlossen, der alle Auseinandersetzungen an das in Frankfurt am Main situierte Reichskammergericht verweist. Die Kosten für die Erhaltung des Gerichts und des Reichsheeres werden durch den „gemeinen Pfennig", eine Art Einkommensteuer, hereingebracht. Insgesamt werden sechs Verwaltungskreise eingerichtet, ein Kreis für die habsburgischen Länder. Eine weitere Zentralisierung scheitert am Partikularismus der Länder.

31. März König Maximilian I. schließt mit Papst Alexander VI. (1431–1503), mit der Republik Venedig, mit Ludovico il Moro von Mailand und König Ferdinand II. von Aragón (1452–1516) ein Bündnis, „Heilige Liga" genannt, das sich gegen König Karl VIII. richtet, der bereits im Sommer 1494 in Italien einmarschiert und 1495 bis Neapel vorgedrungen ist. Im Mai lässt sich Karl VIII. zum König von Neapel krönen.

1496 König Maximilian I. institutionalisiert in Innsbruck die „gemeine" (=allgemeine) Schatzkammer als zentrale Finanzbehörde für die habsburgischen Länder für alle Einnahmen und Ausgaben. Es gab Widerstände der Stände in den Stammländern.

Erste Jahreshälfte Aus den Herzogtümern Kärnten, Steiermark und Krain werden die Juden ausgewiesen.

21. Oktober Erzherzog Philipp, genannt „der Schöne" (1478–1506), ein Sohn Maximilians, heiratet Johanna von Kastilien-Aragón (1479–1555).

1497 König Maximilian I. beruft den Humanisten Conrad Celtis (1459–1508) an die Wiener Universität.

3. April Erzherzogin Margarete, Tochter König Maximilians I., heiratet den Infanten Johann von Kastilien-Aragón (1478–1497); er stirbt jedoch bereits am 4. Oktober 1497.

1498 13. Februar König Maximilian I. modifiziert seine Finanzreform. Er erlässt die Hofratsordnung, die die Errichtung des Hofrats und der Hofkammer vorsieht. Der Hofrat fungiert als oberster Gerichtshof und als oberste Regierungsbehörde, die Hofkammer als oberste Finanzbehörde. Beides ist für das gesamte Reich geplant, kann sich aber in den deutschen Ländern gegen die Stände nicht durchsetzen. Die Reform wird nur in den habsburgischen Ländern wirksam.

20. Juli König Maximilian I. gründet in der Wiener Hofburg die „Kapellenknaben", eine Vorgängerinstitution der Wiener Sängerknaben. Die Hofmusikkapelle wird von Georg Slatkonia (1456–1522), zunächst Domherr von St. Stephan, ab 1513 Wiener Bischof, geleitet, der sich nachdrücklich der Kirchenmusik widmet.

1499 20. April Die habsburgischen Truppen erleiden bei Frastanz in Vorarlberg eine Niederlage gegen die Eidgenossen, die sich den in Worms 1495 gefassten Beschlüssen widersetzen.

22. Mai Neuerliche Niederlage gegen die Eidgenossen in der Schlacht an der Calven im Vintschgau.

22. September Im Basler Frieden mit den Eidgenossen erleidet König Maximilian I. keine territorialen Verluste, die Eidgenossen müssen das Reichskammergericht nicht akzeptieren, sie sind von der Teilnahme an Reichstagen und von der Entrichtung des „gemeinen Pfennigs" befreit. Die Eidgenossen bleiben im Reichsverband in einer Sonderstellung als „des heiligen Römischen richs besonders gefryete staend".

Um 1500 In Kärnten stirbt Jakob Unrest (* um1430), der sowohl eine „Kärntner Chronik" als auch eine „Österreich Chronik" in deutscher Sprache verfasste. Er schrieb auch eine Geschichte Ungarns.

1500 König Maximilian I. ernennt einen „Waldmeister" für den Wienerwald mit Amtssitz in Purkersdorf. Überdies ernennt er für Niederösterreich einen obersten Hof- und Jägermeister.

12. April Mit dem Aussterben der Görzer Grafen kommen laut Erbvertrag von 1363 die Grafschaft Görz, Gradisca, Gebiete im Pustertal, in Krain und in Friaul an die Habsburger. Diese

Gebietserweiterung für die Habsburger führt zu erhöhten Spannungen mit der Republik Venedig.

1501 15. August Ein Donauhochwasser ungeahnten Ausmaßes sorgt im Raum Melk (Niederösterreich) für schwere Schäden.

13. Oktober König Maximilian I. schließt in Trient mit dem französischen König Ludwig XII. (1462–1515) einen Friedensvertrag, in dem er die französische Herrschaft in der Lombardei anerkennt.

1502 25. Februar Für das niederösterreichische Regiment wird eine neue Ordnung für die Tätigkeit der Beamten erlassen. Das Regiment wird ab nun auch in Lehensangelegenheiten zuständig.

Frühherbst In Wr. Neustadt findet ein Generallandtag der niederösterreichischen Stände statt, die sich zunächst gegen die Reformen König Maximilians I. wenden. Es ist eine Auseinandersetzung zwischen Länderautonomie und Staatsgewalt.

1503 Erste Jahreshälfte Die Stände von Niederösterreich, Oberösterreich und Steiermark beraten die Reformen König Maximilians I.

1504 12. September König Maximilian I. schlägt im Zuge der bayerisch-pfälzischen Auseinandersetzung ein böhmisches Söldnerheer bei Schönberg, nahe Regensburg, Maximilian gewinnt danach im Friedensschluss von Schärding Kitzbühel, Rattenberg und Kufstein.

4.-17. Oktober König Maximilian I. belagert erfolgreich die Stadt Kufstein, derer sich die Pfälzer bemächtigt hatten. Dabei spielten zwei besonders großkalibrige Geschütze, nämlich „Purlepaus“ und „Weckauf von Österreich“, die bis zu 100 kg schwere Eisenkugeln verschießen konnten, eine wichtige Rolle.

1505 Franz (1459–1517) und Gabriel von Taxis (um 1480–1529), die seit 1489 als Postmeister in habsburgischen Diensten stehen, eröffnen einen regelmäßigen Postdienst zwischen Brüssel und Wien. Ein Postreiter legte bis zu 160 km täglich zurück.

2. Mai König Maximilian I. erneuert den Vertrag mit Ludwig Freiherr von Brandis über die gemeinsame Landesverteidi-

gung in Vorarlberg, die größtenteils von den Ständen getragen wird.

Juli Auf dem Reichstag von Köln festigt König Maximilian I. seine Machtstellung im Reich.

30. Juli Mit dem Kölner Schiedsspruch beendet König Maximilian I. den bayerisch-pfälzischen Erbfolgestreit. König Maximilian I. gewinnt weitere Territorien, u. a. Mondsee, St. Wolfgang, Neuburg am Inn und Rannariedl.

Oktober Der ungarische Reichstag beschließt, in Zukunft nur einen Ungarn zum König zu erheben.

1506 Es kommt zu einer weiteren Reform des niederösterreichischen Regiments, das seinen Sitz in Linz hat.

24. Februar König Maximilian I. erlässt eine Fischereiordnung für Wien. Wenn auch der Fischreichtum in der Donau groß ist, muss es doch Regelungen für die Sicherung des Bestandes geben. Die Urkunde enthält zahlreiche detaillierte Abbildungen der in der Donau heimischen Fischarten.

20. März Als Reaktion auf die Erklärung des ungarischen Landtags vom Oktober des Vorjahres schließt König Maximilian I. mit König Wladislaw von Ungarn in Wr. Neustadt einen Vertrag, der ein Eheversprechen der Enkel Maximilians und der Kinder Wladislaws enthält: Ferdinand von Österreich (1503-1564) soll Anna von Ungarn (1503–1547), ein zu erwartender Sohn Wladislaws, später Ludwig II. (1506–1526), soll Maria (1505–1558), Ferdinands Schwester, heiraten.

März – Juni König Maximilian I. zieht gegen Ungarn, er erobert Pressburg und westungarische Gebiete, um seine Ansprüche auf die ungarische Krone unter Beweis zu stellen.

19. Juli König Maximilian I. schließt mit Wladislaw von Ungarn in Wien einen Friedensvertrag, der Maximilians Rechte aus früheren Verträgen bestätigt; der ungarische Reichstag verweigert seine Zustimmung.

26. September Philipp der Schöne stirbt in Burgos.

1507 König Maximilian I. ernennt seine Tochter, Erzherzogin Margarete, zur Generalstatthalterin der Niederlande; sie erweist sich als tüchtige Regentin und kluge Diplomatin.

12. November Nach der Geburt von Ludwig II. von Ungarn wird das habsburgische Eheversprechen aus 1506 erneuert.

1508 Venezianische Truppen dringen in Krain ein; bei Landtagen in Krems und Wien wird die Finanzierung eines Truppenkontingents von 3.000 Mann, allerdings nur für drei Monate, bewilligt. Das Kommando hat Niklas Graf Salm (1459–1530) inne.

4. Februar Im Dom von Trient nimmt Maximilian I. den Titel „erwählter römischer Kaiser" an. Einem Zug nach Rom hatten die Venezianer keine Durchreiseerlaubnis gegeben. Aus diesem Anlass prägt die Münze in Hall in Tirol den so genannten „Reiterguldiner".

10. März Bei Pieve di Cadore wird ein kaiserliches Heer von den Venezianern vernichtend geschlagen. Die Köpfe der Gefallenen werden in Venedig zur Schau gestellt.

10. Dezember Kaiser Maximilian I., Papst Julius II. (1443–1513), König Ludwig XII. von Frankreich und König Ferdinand von Aragón schließen die Liga von Cambrai, die sich gegen Venedig richtet. Vermittlerin ist die Generalstatthalterin der Niederlande Margarete.

1509 Mai Die Franzosen besiegen die Venezianer in der Schlacht bei Agnadello.

2. Oktober Kaiser Maximilian I. entsetzt die von den Venezianern seit Juli belagerte Stadt Padua.

1510 März Kaiser Maximilian I. zieht, vertrauend auf das Bündnis mit den Franzosen, mit zwei Armeen gegen die Venezianer und will diesen eine entscheidende Niederlage zufügen. Doch die Franzosen ziehen sich nach Mailand zurück. Unverrichteter Dinge entlässt Maximilian die Truppen mit Jahresende.

10. April Mit dem Augsburger Libell des Reichstages wird das Kammergericht aufgehoben. Das niederösterreichische Regiment, das von Enns nach Wien verlegt wird, übernimmt die Aufgaben des aufgelösten Kammergerichts.

1511 Der Salzburger Erzbischof Leonhard von Keutschach (um1442–1519) lädt Bürgermeister und Rat der Stadt Salzburg, mit denen er sich seit Jahren im Streit um das von Kaiser Friedrich III. 1481 gewährte Privileg der freien Wahl des Stadtrats befand, zu einem Gastmahl. Erst nach Auslieferung der Urkunde des Privilegs lässt er die Honoratioren frei.

7. Februar Kaiser Maximilian I. schließt in Baden im Aargau einen Vertrag mit den Eidgenossen, in dem letztere sich zum Beistand im Ernstfall für Tirol und die Vorlande verpflichten.

23. Juni Kaiser Maximilian I. erlässt das Tiroler Landlibell, ein Verfassungsgesetz für das Land auf Grund des Freiheitsbriefes von 1406, das auch die Landesverteidigung bzw. die Zahlen des Tiroler Aufgebots regelt.

4. Oktober Kaiser Maximilian I. schließt sich noch nicht der aus Papst Julius II., England, der Schweiz, Spanien und Venedig gebildeten Heiligen Liga gegen Frankreich an.

1512 Frühjahr Gemeinsam mit den Franzosen erobert Kaiser Maximilian I. die Städte Brescia und Bergamo.

11. April Sieg der Franzosen bei Ravenna über die Truppen der Heiligen Liga.

Herbst Durch diplomatische Initiativen des Papstes und der Spanier lässt sich Kaiser Maximilian I. auf die Seite der Heiligen Liga ziehen.

1513 In der Heiligen Liga von Mecheln verbündet sich Kaiser Maximilian I. mit Papst Leo X. (1475–1521), König Heinrich VIII. von England (1491–1547) und den Spaniern gegen die französische Expansion in Italien.

16. August Sieg Kaiser Maximilians I. bei Guinegate über die Franzosen.

7. Oktober Gemeinsam mit den Spaniern besiegen Maximilians I. Truppen, die unter dem Kommando des Georg von Frundsberg (1473–1528) stehen, die Venezianer bei Vicenza.

17. Oktober Kaiser Maximilian I. schließt in Lille ein Angriffsbündnis mit England und Spanien gegen Frankreich.

1514 Der Aufstand der ungarischen Bauern gegen die Magnaten unter Führung des Reiterhauptmannes Georg Dózsa (* 1470) wird vom siebenbürgischen Woiwoden Johann Szapolyai (1487–1540) blutig niedergeschlagen. Dózsa wird grausamst hingerichtet.

Kaiser Maximilian I. verfasst mit Hilfe seines Geheimschreibers Marx Treitzsaurwein (um 1450–1527) seine Autobiographie „Weißkunig".

1515 19. Jänner Kaiser Maximilian I. erlässt für Wien eine Handelsordnung, die der Stadt das Niederlagsrecht verweigert.

Sommer In der Südsteiermark, in Kärnten und Krain kommt es wegen der drückenden Steuerlasten und der mangelnden Türkenabwehr zu Bauernaufständen. Die empörten Bauern töten den gewalttätigen Pfandherrn von Gotschee Georg von Thurn. Die Bauern fordern in einer Punktation ihre alten Rechte („stara pravda"). Letztlich werden die Bauern bei Cilli von einem ständischen Heer unter dem Kommando von Georg von Herberstein vernichtend geschlagen, die Anführer hingerichtet.

22. Juli Im Wiener Stephansdom findet die Vermählung der habsburgischen und der jagellonischen Thronanwärter statt. Mit dieser Hochzeit zwischen Ferdinand von Habsburg und Anna von Ungarn, sowie Ludwig von Ungarn mit Maria, Maximilians Enkelin, werden die habsburgischen Erbansprüche auf Böhmen und Ungarn erneuert.

13./14. September König Franz I. von Frankreich (1494–1547) erzielt bei Marignano einen Sieg über die Schweizer und die päpstlichen Truppen. Im Oktober schließen die drei Streitparteien in Viterbo einen Präliminarfrieden.

1516 23. Jänner Nach dem Tod von König Ferdinand II. von Aragón tritt Karl V. (1500–1558), ein Enkel Kaiser Maximilians I., die Nachfolge in Spanien an.

13. März Nach dem Tod von König Wladislaw von Ungarn tritt sein zehnjähriger Sohn Ludwig, vermählt mit Maximilians Enkelin Maria, seine Nachfolge an. Zu seinen Vormündern werden Kaiser Maximilian I. und König Sigismund von Polen (1467–1548) bestellt.

13. August Im Vertrag von Noyon wird der Konflikt zwischen der Heiligen Liga und Frankreich beendet.

3. Dezember Kaiser Maximilian I. schließt in Brüssel mit Venedig Frieden. Der Kaiser tritt gegen eine Entschädigung Verona ab, er behält seine Eroberungen Rovereto, Riva, Ala und Cortina.

1517 20. November Kaiser Maximilian I. verleiht Wien ein neues Stadtrecht, die städtische Autonomie wird eingeschränkt, Sonderrechte beseitigt.

1518 Die Kärntner Landstände erhalten von Kaiser Maximilian I. die Stadt Klagenfurt, die 1514 durch einen Großbrand zerstört worden ist, als Geschenk. Sie bauen die Stadt zur Landeshauptstadt aus.

15. Jänner In Innsbruck beginnt ein Generallandtag der Stände fast aller österreichischen Länder. Der Kaiser wollte eine Zusammenfassung des österreichischen Regierungs- und Finanzwesens mit dem des Reiches. Nach fünfmonatigen Verhandlungen kam es zu einer Einigung, die in drei „Innsbrucker Libelli" niedergelegt wurde: Ein Hofrat sollte für die Reichsangelegenheiten und die der österreichischen Länder zuständig sein. Von den 18 Räten des Hofrates war die Hälfte durch die Stände zu nominieren. Außerdem einigte man sich auf eine gemeinsame Verteidigungsordnung der österreichischen Länder.

Oktober Kaiser Maximilian I. versucht auf dem Reichstag zu Augsburg, seinen Enkel Karl V. als seinen Nachfolger zu installieren. Trotz einer Mehrheit der Kurfürsten für diese Idee scheitert er.

30. Dezember Kaiser Maximilian I. verfasst in Wels sein Testament; es enthält detaillierte Anweisungen für Stiftungen und über sein persönliches Eigentum, sowie über seine Beisetzung.

1519 12. Januar Kaiser Maximilian I. stirbt in Wels, er wird in der Folge in Wr. Neustadt beigesetzt.

28. Jänner In Wien tritt ein Landtag zusammen, der sich gegen die in Maximilians Testament festgeschriebene Regelung wendet, dass nach seinem Tod bis zur Klärung der Nachfolge die öffentliche Gewalt nicht die Stände, sondern dass das Regiment diese ausüben solle. Gegen diese Regelung formiert sich eine Opposition in Niederösterreich und Wien, der Michael

von Eitzing und der Wiener Stadtrichter Martin Siebenbürger (um 1475–1522) angehören.

28. Juni Karl, der Enkel, Kaiser Maximilians I., wird in Frankfurt am Main zum deutschen König und römischen Kaiser gewählt. Eine Wahlunterstützung Jakob Fuggers (1459–1525) von 130.000 Gulden hat eine Kandidatur Franz I. von Frankreich verhindern können.

25. November Kaiser Karl V., der zu diesem Zeitpunkt in Spanien weilt, lehnt die Forderungen der ständischen Opposition von Wien und Niederösterreich, die eine Absetzung des Regiments verlangt, ab.

1520 25. Jänner In Kärnten findet die Erbhuldigung für Kaiser Karl V. statt.

5. Februar Michael von Eitzing und Martin Siebenbürger kehren wieder nach Wien zurück, sie bestärken die ständische Opposition in ihrer Haltung.

6. Februar Erbhuldigung des Landes Steiermark.

19. Februar Ein Vertreter des Augsburger Regiments, der nach Wien kommt, wird von den Wiener Bürgern wochenlang an der Ausübung seines Amtes gehindert.

1. Mai Kaiser Karl V. fordert die Stände des Landes unter der Enns schriftlich auf, den Widerstand aufzugeben.

4. Juli Bei einem unterderennsischen Landtag in Klosterneuburg leisten die Stände Niederösterreichs die Erbhuldigung. Nur Wien bleibt in Opposition.

11. Juli Die Wiener leisten den Huldigungseid, es verbleibt nur eine kleine radikale Partei.

27. September Die ständische Opposition in Wien wählt Martin Siebenbürger zum Bürgermeister.

23. Oktober Kaiser Karl V. wird in Aachen zum deutschen König gekrönt.

1521 Die Lehren Martin Luthers (1483–1546) beginnen sich in Österreich zu verbreiten. Vor allem Wien und die Wiener Universität sind Zentren der neuen Lehre.

27. Jänner – 25. Mai In Worms findet der erste Reichstag des neuen Herrschers statt.

17./18. April Martin Luther erscheint vor dem Wormser Reichstag, er vertritt seine Thesen und verweigert den Widerruf. Vorsitzender der Reichstagssitzung ist der Salzburger Erzbischof Matthäus Lang von Wellenburg (1468–1540).

28. April Beim Reichstag in Worms schließt Kaiser Karl V. mit seinem jüngeren Bruder Erzherzog Ferdinand einen Vertrag, in dem Karl V. seinem Bruder Nieder- und Oberösterreich, Steiermark, Kärnten und Krain überlässt.

26. Mai Kaiser Karl V. unterzeichnet das Wormser Edikt, mit dem Martin Luther in Reichsacht getan wird.

5. Juni Auf einem Landtag der ober- und niederösterreichischen Stände in Ybbs leisten diese Erzherzog Ferdinand I. den Erbhuldigungseid. Der Erzherzog lehnt ständische Forderungen ab, sorgt allerdings sofort für effiziente Maßnahmen für innere Sicherheit, etwa gegen Straßenräuberei.

24. August Auf Landtagen in Niederösterreich fordert Erzherzog Ferdinand I. die Stände zur Bereitstellung von Truppen gegen die Türken auf.

1522 7. Februar Kaiser Karl V. und Erzherzog Ferdinand I. schließen in Brüssel einen neuerlichen Teilungsvertrag, da sich der Wormser Vertrag vor allem wirtschaftlich als untragbar erwiesen hat. Karl V. verzichtet nun auch auf Kärnten und Krain, sowie auf Tirol und die Vorlande. Die Brüder vereinbaren Geheimhaltung für sechs Jahre. Tatsächlich ist es eine Trennung des Hauses Habsburg in eine österreichische und eine spanische Linie.

März Auf einem Reichstag in Nürnberg wird das Vorgehen gegen die Osmanen beraten, die bereits im Vorjahr unter Sultan Suleyman (1494–1566), genannt der Prächtige oder der Gesetzgeber, Belgrad eingenommen haben und unmittelbar österreichische Länder bedrohten.

10. Juli Erzherzog Ferdinand I. eröffnet in Wr. Neustadt ein Verfahren gegen die oppositionellen Stände.

23. Juli Nach Prüfung aller Vorgänge seit dem Tode Kaiser Maximilians I. werden acht Todesurteile gefällt, u. a. gegen Michael Eitzing, Martin Siebenbürger und weitere Mitglie-

der des Rates der Stadt Wien. Damit hat sich der absolute Herrschaftsanspruch des Landesherrn gegen die ständische Opposition durchgesetzt.

9.-11. August Die Todesurteile werden durch Enthaupten vollstreckt.

13. August Erzherzog Ferdinand I. hebt die seit 1221 im Wiener Stadtrecht verankerte Institution der „Genannten“, eine Art Bürgerausschuss, auf. An die Stelle dieses Bürgerausschusses treten zwölf vom Landesherrn ernannte Funktionäre.

16. August Erzherzog Ferdinand I. streicht Wien alle Privilegien und Gewohnheitsrechte.

1523 März Erzherzog Ferdinand I. übernimmt in Innsbruck die Regierung in den ihm im Brüsseler Vertrag übertragenen Ländern.

11. Juli Im Laufe eines Streits des Rates der Stadt Salzburg mit Erzbischof Lang von Wellenburg wegen der städtischen Sonderrechte rückt der Erzbischof mit einer Heerschar in die Stadt ein. Nun ist die Stadt zum Verzicht bereit.

5. September Erzherzog Ferdinand I. erwirbt von Hugo XVII. von Montfort († 1536) die Herrschaft Bregenz um 50.000 Gulden.

1524 18. Juli Die Stadt Salzburg erhält eine neue Stadtordnung, sie ist absolutistisch, der Erzbischof ernennt alle wichtigen Amtsträger. Nur die 48 Mitglieder des Großen Rats werden von den Stadtvierteln gewählt.

17. September Der Täufer Kaspar Tauber wird als bekennender Anhänger der Lehren Luthers vor dem Stubentor in Wien verbrannt.

1525 25. Februar Kaiser Karl V. stimmt einer Veröffentlichung des Brüsseler Vertrages zu.

Ende April Bauern und Bergknappen des Gasteiner Tales formulieren 14 Forderungen gegen die drakonische Herrschaft des Erzbischofs. Sie fordern u. a. die Instandhaltung von Straßen, die Abschaffung kleiner Steuern und sie wollen ihre Seelsorger frei wählen. Damit greift die aufständische Bauernbewegung vom Reich auch auf Österreich über.

13. Mai Auch im Bistum Brixen kommt es zu Bauernunruhen. An der Spitze der Bauern steht der fähige, militärisch sehr geschickte Michael Gaismair (um 1490–1532), ehemaliger Sekretär des Bischofs.

30. Mai – 8. Juni In Meran tagt ein Bauerntag, der in 64 Artikeln eine neue Landesordnung für Tirol beschließt. Verfasser des Textes ist Michael Gaismair, der damit den Verfassungsentwurf für eine demokratische Bauernrepublik niederschreibt. Es besteht keine Chance auf Durchführung.

7. Juni-29. August Aufständische Bauern belagern vergeblich den Salzburger Erzbischof Lang von Wellenburg in der Festung Hohensalzburg.

1. Juli In St. Georgen im Attergau schließen die oberösterreichischen Bauern einen Bund; sie verlangen die Aufhebung der Robot. Wegen Uneinigkeit bricht diese Erhebung nach wenigen Wochen zusammen.

3. Juli Bauern und Knappen besiegen bei Schladming die Truppen des steirischen Landeshauptmannes Sigmund von Dietrichstein (1484–1533). Dietrichstein wird gefangen genommen und zwei Monate in Haft gehalten.

September Niklas Graf zu Salm übernimmt nach Dietrichstein das Kommando über die steirische Truppen und erobert Schladming, das er niederbrennt. Schladming verliert das Stadtrecht, erst 1529 erhält Schladming wieder das Marktrecht.

1526 In Wien breitet sich die Wiedertäuferbewegung aus.

12. März Erzherzog Ferdinand I. erlässt für Wien eine neue Stadtordnung. Fast alle alten Privilegien werden aufgehoben, die Kontrolle des Landesfürsten über die Stadt wird erheblich verstärkt. Für die Stadtverwaltung und Rechtssprechung sind nun 24 Stadträte und 76 äußere Räte zuständig, von denen ein Teil im Rotationsprinzip nach einem Jahr ausgetauscht wird. Überwacht wird alles vom Stadtanwalt, einem landesfürstlichen Beamten, der mächtiger als der Bürgermeister ist.

14. April – 2. Juli Aufständische Bauern belagern vergeblich die Salzburger Stadt Radstadt.

1. Juli Die Bauern werden durch ein Heer des Schwäbischen Bundes unter dem Kommando von Burkhard von Ems südlich von Zell am See geschlagen. Damit ist vorerst die österreichische Bauernerhebung vorbei.

11. Juli Gegen die aufständischen Bauern findet vor den Mauern von Radstadt ein großes Strafgericht statt.

29. August König Ludwig II. von Ungarn unterliegt in der Schlacht bei Mohács einem Heer der Osmanen unter Sultan Suleyman, der König selbst ertrinkt auf der Flucht. Damit stehen die Osmanen drohend an den österreichischen Grenzen. Die Kronen von Böhmen und Ungarn fallen laut Erbverträgen an die Habsburger.

24. Oktober Erzherzog Ferdinand I. wird zum König von Böhmen gewählt.

10. November Der Woiwode von Siebenbürgen Johann Szapolyai wird als Gegenkönig gegen Ferdinand I. zum König von Ungarn gewählt. Einen Tag später wird Szapolyai in Székesfehérvár gekrönt. Er erfreut sich der Unterstützung von England, Frankreich, Polen und Venedig. Diese Mächte wollen einen Machtzuwachs der Habsburger nicht dulden.

17. Dezember König Ferdinand I. wird in Pressburg von den Adeligen der westungarischen Komitate zum König gewählt.

Jahresende König Ferdinand I. errichtet den Hofrat als oberste Justizbehörde.

1527 1. Jänner Als neue Verwaltungsorgane institutionalisiert Erzherzog Ferdinand I. den Geheimen Rat, zuständig für Familienangelegenheiten und Außenpolitik, und die Allgemeine Hofkammer als zentrale Finanzbehörde.

In Cetin nahe Slunj wird Erzherzog Ferdinand I. vom kroatischen Landtag zum König gewählt.

24. Februar Erzherzog Ferdinand I. wird in Prag zum böhmischen König gekrönt.

27. September Erzherzog Ferdinand I. erringt bei Tokai einen Sieg über die Truppen seines Gegenkönigs Johann Szapolyai. Danach zieht er in Ofen ein.

7. Oktober In Ofen findet ein Reichstag statt, der die Pressburger Wahl von Erzherzog Ferdinand I. bestätigt.

3. November Erzherzog Ferdinand I. wird in Székesfehérvár zum König von Ungarn gekrönt.

Dezember Der ungarische Gegenkönig Johann Szapolyai flieht zu seinem Schwager Sigismund I. von Polen (1467–1548) und versucht u. a. mit den Türken eine antihabsburgische Allianz zu bilden.

1528 Erzherzog Ferdinand I. errichtet die Allgemeine Hofkanzlei als oberstes Verwaltungsorgan. Sie untersteht dem Hofrat.

Februar Sultan Suleyman, der mit Szapolyai ein Abkommen geschlossen hat, fordert Ferdinand I. auf, Ungarn zu räumen.

10. März Balthasar Hubmaier (* 1485), ehemals katholischer Priester und dann führender Wiedertäufer, wird in Wien-Erdberg als „Ketzer" verbrannt.

25. September In der Schlacht bei Sárospatak besiegen die Truppen von Erzherzog Ferdinand I. erneut ein Heer des Woiwoden Johann Szapolyai.

1529 14. – 17. Februar Bei einer Tagung in Feldkirch verbündet sich Erzherzog Ferdinand I. mit den katholischen Orten Luzern, Uri, Schwyz, Unterwalden und Zug; dies führt zu Auseinandersetzungen mit den protestantischen Schweizer Orten.

15. März Beim Reichstag in Speyer überreichen die evangelischen Reichsstände eine „Protestation", in der sie gegen die Aufhebung des Reichstagsabschiedes von 1526 Einspruch erheben.

10. Mai Sultan Suleyman bricht in Istanbul zu einem Feldzug nach Westen auf. Ziel ist die Eroberung Ungarns.

24. Juni Das protestantische Zürich zwingt die fünf katholischen Orte zum Frieden, da diese nicht von Erzherzog Ferdinand I. unterstützt werden.

5. August Kaiser Karl V. und König Franz I. schließen den Frieden von Cambrai. Franz I. verzichtet auf Burgund und die oberitalienischen Eroberungen Frankreichs. Karl V. hat damit freie Hand in Italien. Vermittelt wird dieser Friedensschluss

von Margarete von Österreich und Herzogin Ludovica von Savoyen (1476–1531), der Mutter König Franz I. Daher wird dieser Friedensschluss auch „Damenfrieden“ genannt.

20. August Nach monatelangen Verhandlungen von Erzherzog Ferdinand I. erfolgt endlich die Zustimmung der Reichsstände für eine „eilende Türkenhilfe“. Im September treffen etwa 10.000 Mann vor Wien ein.

9. September Sultan Suleyman erobert die von den Ungarn verteidigte Festung Ofen.

11. September Suleyman setzt neuerlich Johann Szapolyai als ungarischen König ein, dieser ist ein türkischer Vasall.

24. September Angesichts des herannahenden türkischen Heeres lässt Niklas Graf Salm, Verteidiger Wiens, die vor den Mauern befindlichen Vorstädte niederbrennen.

25. September 100 Panzerreiter unter dem Kommando des Pfalzgrafen Philipp bei Rhein verstärkten die Besatzung Wiens, das mittlerweile von den osmanischen Heerscharen eingeschlossen ist. Suleyman befehligt etwa 120.000 Mann, Wien verfügt über 17.000 Mann zur Verteidigung.

9. Oktober Die Osmanen unternehmen den ersten Sturm auf die Stadt, wobei Graf Salm schwer verwundet wird.

11. Oktober Der zweite schwere Sturm der Türken auf die Stadt wird mühevoll abgewehrt.

14. Oktober Sultan Suleyman hebt die Belagerung Wiens wegen Ausbruchs einer Seuche und wegen des Herannahens der schlechten Jahreszeit auf.

Ende Oktober Reichstruppen besetzen die ungarischen Städte Raab, Komorn, Gran, Ödenburg und Tyrnau. Für eine Verfolgung der türkischen Truppen waren die Einheiten zu schwach.

10. Dezember In Innsbruck werden der Buchhändler und Wiedertäufer Balthasar Vesst und seine Frau hingerichtet.

1530 24. Februar Kaiser Karl V. wird in Bologna von Papst Clemens VII. (1478–1534) zum Kaiser gekrönt. Es ist die letzte Krönung durch einen Papst.

Herbst Truppen von Wilhelm von Roggendorf (1481–1541) erobern Erlau und Tokai von den Türken zurück, sie scheitern an der starken Besatzung von Ofen.

1531 11. Januar Erzherzog Ferdinand I. wird in Aachen zum römischen König gekrönt.

24. Oktober Gegen die Wahl und Krönung Ferdinands formiert sich das Saalfelder Bündnis, dem Wilhelm IV. von Bayern (1493–1550) und weitere deutsche Fürsten angehören.

1532 Frühjahr Suleyman überfällt mit seinen Truppen von Süden kommend die Steiermark und dringt bis Niederösterreich vor.

7. August Sultan Suleyman belagert die Festung Güns (= Kõszeg), die von nur 700 Mann verteidigt wird.

29. August Suleyman gibt die Belagerung von Güns auf, er unternimmt noch weitere verheerende Streifzüge durch die Steiermark, das Burgenland und Niederösterreich.

10. September Die Sensenschmiede von Waidhofen an der Ybbs fügen einer türkischen Streifschar vor ihrer Stadt eine Niederlage zu.

19. September Einem Reichsheer gelingt es, den Osmanen im Raum Leobersdorf – Wr. Neustadt – Neunkirchen eine empfindliche Niederlage zuzufügen. Suleyman zieht sich zurück.

4. Oktober Kaiser Karl V. und König Ferdinand I. begeben sich nach Wien. Das Reichsheer begibt sich am linken Donauufer ins Winterlager.

30. Dezember König Ferdinand I. schließt mit dem ungarischen Gegenkönig Szapolyai einen auf vier Monate befristeten Waffenstillstand.

1534 12./13. Mai Herzog Ulrich von Württemberg (1487–1550), der wegen Gewaltherrschaft aus seinem Land, das von Ferdinand I. besetzt worden ist, vertrieben wurde, erringt in der Schlacht bei Lauffen am Neckar einen Sieg über die Truppen Ferdinands I. Unterstützt wurde er von Herzog Philipp I. von Hessen (1504–1567).

29. Juni König Ferdinand I. schließt in Kaaden Frieden mit Ulrich von Württemberg, letzterer erhält Württemberg zurück, er anerkennt Ferdinand I. als König.

11. September König Ferdinand I. schließt mit seinem Mitbewerber um den Königstitel Herzog Wilhelm IV. von Bayern den Frieden von Linz. Herzog Wilhelm anerkennt Ferdinand I. als König.

1535 König Ferdinand I. stellt ein Privileg für Siedler im Grenzbereich von Krain aus. Etwa 600 Familien sind aus türkischen Gebieten nach Krain eingewandert. Mit diesem Privileg beginnt die Entwicklung der so genannten „Militärgrenze", ein Grenzschutz durch Wehrbauern.

Herbst Durch die Rückkehr des Wiedertäufers Jakob Hutter nach Tirol steigt die Zahl der Anhänger dieser Lehre.

1536 25. Februar Jakob Hutter, der in Klausen gefangen genommen wird, wird in Innsbruck öffentlich verbrannt.

1537 September König Ferdinand I. unternimmt einen Feldzug gegen die Türken in Ungarn, seine Streitmacht unter dem Kommando des Feldhauptmannes Hans Katzianer (um 1500–1539) belagert vergeblich die Stadt Esseg.

9. Oktober Das Heer Ferdinands I. wird bei Gorian großteils vernichtet.

1538 24. Februar König Ferdinand I. schließt in Großwardein mit Johann Szapolyai einen Geheimfrieden, in dem der ungarische Gegenkönig das habsburgische Erbrecht anerkennt, Ferdinand seinerseits anerkennt Szapolyai als ungarischen König. Er überlässt ihm Ungarn östlich der Theiß und Siebenbürgen.

5. September König Ferdinand I. erteilt in Linz den Uskoken (=kroatisch für Flüchtlinge, gemeint sind die Grenzlandbauern) ein Privileg, mit dem die Grenzsiedler als Gegenleistung für ihre militärische Hilfe die verödeten Länderein steuerfrei erhalten. Gefangene Grenzer sollen mit Türkenbeute freigekauft werden.

1540 7. Juli König Johann Szapolyai kündigt nach Geburt seines Sohnes Johann Sigismund (1540–1571) das Abkommen von

Großwardein auf. Er stirbt wenige Tage später, worauf sein wenige Tage alter Sohn zum König ausgerufen wird.

15. Oktober Kaiser Karl V. ernennt Bartholomäus von Rauber, Landesverweser von Krain, zum Hauptmann der Grenzer.

1541 Frühjahr Erstmals findet ein gemeinsamer Landtag der Herrschaften Feldkirch, Bludenz, Bregenz und Sonnenberg statt.

Sommer In Linz findet ein gesamtöstereichischer Landtag statt, aus den Herrschaften vor dem Arlberg erscheinen Bauern als Vertreter.

In Wien wütet die Beulenpest, etwa ein Drittel der Wiener Einwohner fallen der Seuche zum Opfer.

29. August Sultan Suleyman der Prächtige besetzt Ofen. Damit wird der Großteil Ungarns osmanische Provinz.

1542 In Wien wird mit dem Bau von Befestigungsanlagen begonnen. Zuerst entsteht die Bastei bei der Dominikanerkirche.

Sommer Ein Reichsheer unter dem Kommando von Joachim von Brandenburg zieht gegen die Osmanen.

September Die Rückeroberung Ofens scheitert an der unsachgemäßen Führung des Reichsheeres.

1543 Sultan Suleyman erobert im Laufe des Jahres Esztergom, Székesfehérvár und Pécs.

König Ferdinand I. verbietet die Herstellung und Verbreitung protestantischer Druckschriften. Zuwiderhandelnde werden mit dem Tode bestraft.

1544 Sultan Suleyman erobert Visegrád, Neográd und Vác.

1546 In Basel erscheint das Werk „Vienna Austriae“ von Wolfgang Lazius (1514–1565), eine Geschichte der Stadt Wien.

6. Juni Kaiser Karl V. schließt mit Papst Paul III. (1468–1549) ein Bündnis gegen den Schmalkaldischen Bund, der aus protestantischen Reichsfürsten besteht. Wichtiger Bundesgenossen dabei ist sein Bruder König Ferdinand I.

7. Juni In Regensburg schließen Kaiser Karl V., König Ferdinand I. und Herzog Wilhelm IV. von Bayern einen Geheimvertrag zur gegenseitigen Unterstützung gegen das Schmalkaldische Bündnis.

14. Juni König Ferdinand I. und Herzog Wilhelm IV. von Bayern schließen einen Ehevertrag für ihre Kinder Anna (1528–1590) und Albrecht (1528–1579), die Eheschließung erfolgt am 4. Juli.

1547 Der Kartograph Augustin von Hirschvogel (1503-1553) zeichnet einen auf einer Vermessung basierenden Plan von Wien, die erste verlässliche Aufnahme der Stadt im Maßstab 1 : 2000.

24. April In der Schlacht bei Mühlberg an der Elbe besiegt Kaiser Karl V. die Truppen des Schmalkaldischen Bundes. Kurfürst Johann Friedrich von Sachsen (1503–1554) und andere führende Adelige werden gefangen genommen.

13, Juni König Ferdinand I. schließt mit den Osmanen einen fünfjährigen Waffenstillstand, dafür muss er ein jährliches Ehrengeschenk von 30.000 Gulden an den Sultan entrichten. Trotzdem geht der Kleinkrieg an der gemeinsamen Grenze weiter.

1548 Juni König Ferdinand I. erlässt die Reformationsordnung zur Bekämpfung von Missständen in der katholischen Kirche. Trotzdem hält der Zulauf zu den Protestanten an.

1551 Jänner Der Spanier Ignatius von Loyola (1491–1556) beantragt bei König Ferdinand I. die Errichtung eines Ordenshauses in Wien. Der „Orden der Gesellschaft Jesu" widmet sich der Missionierung der Ungläubigen, will aber in erster Linie die abgefallenen Protestanten wieder zur katholischen Kirche zurückführen.

31. Mai Die ersten Jesuitenpatres treffen in Wien ein; sie finden zunächst bei den Dominikanern Unterkunft.

4. Juni General Johann Baptist Castaldo zieht mit einem Heer nach Klausenburg (=Cluj), wo er im Namen von König Ferdinand I. die Huldigung der Stände entgegennimmt.

19. Juli König Ferdinand I. und Königin Isabella von Polen (1519–1559), Witwe nach Johann Szapolyai, schließen einen Vertrag, in dem letztere auf ihre Ansprüche in Ungarn verzichtet.

1552 1. Mai König Ferdinand I. schließt mit dem Kurfürsten Moritz von Sachsen (1521–1553) in Passau als Vertreter der protestantischen Reichsfürsten einen Vertrag, der die Konflikte zwischen Kaiser Karl V. und den protestantischen Reichsfürsten bereinigen sollte.

18. Mai Kurfürst Moritz von Sachsen fällt in Tirol ein.

23. Mai Moritz von Sachsen zieht in Innsbruck ein, Kaiser Karl V. kann gerade noch nach Villach fliehen. In dieser Situation übernimmt König Ferdinand I. die Wahrung der kaiserlichen Interessen, da sich zudem Kaiser Karl V. mit Frankreich im Krieg befindet.

15. August Kaiser Karl V. ratifiziert den Vertrag von Passau.

1554 25. Februar König Ferdinand I. erlässt eine Hausordnung, die die Teilung der habsburgischen Erbländer nach seinem Tod unter seinen drei Söhnen regelt: der älteste Sohn Maximilian (1527–1576) wird Nachfolger im Reich, in Böhmen und Ungarn, er erhält außerdem Österreich ob und unter der Enns und die Vorlande: Karl (1540–1590) erhält Inneröstereich (= Steiermark, Kärnten, Krain, Görz, Triest und Istrien); Ferdinand (1529–1595) erhält Tirol.

27. Mai Die Jesuiten beziehen in Wien das ihnen von König Ferdinand I. zur Verfügung gestellte ehemalige Karmelitenkloster Am Hof.

1555 25. September Auf dem Reichstag in Augsburg, der seit Februar tagt, wird der Augsburger Religionsfriede als Reichsgesetz verkündet. Dieser Friede beendet vorerst die Auseinandersetzungen mit den Protestanten, welchen ab nun Religionsfreiheit und politische Rechtsgleichheit zugesichert wird. Allerdings bestimmt der Landesherr die Religion seiner Untertanen; wer die Religion des Landesherrn ablehnt, muss sein Hab und Gut verkaufen und auswandern. Verhandlungsführer in Augsburg ist König Ferdinand I., da sich Kaiser Karl V. nach und nach von den Amtsgeschäften zurückzieht.

25. Oktober Kaiser Karl V. übergibt in Brüssel seinem Sohn Philipp (1527–1598) die Herrschaft in den Niederlanden.

1556 Zu Jahresbeginn errichtet König Ferdinand I. den österreichischen Hofkriegsrat als zentrale Militärbehörde.

16. Jänner Kaiser Karl V. übergibt die spanischen und italienischen Besitzungen an seinen Sohn Philipp II., er zieht sich in die Villa Estremadura nahe dem Kloster San Jeronimo de Yuste bei Toledo zurück.

12. September Kaiser Karl V. überlässt in einem Schreiben seinem Bruder Ferdinand I. die Kaiserwürde.

22. Oktober Johann Sigismund Szapolyai (1540–1571) übernimmt als türkischer Vasall die Herrschaft in Siebenbürgen.

1557 Erzherzog Ferdinand von Tirol heiratet ohne Wissen seines Vaters die Augsburger Bankierstochter Philippine Welser (1527–1580). Kinder aus dieser Ehe sind nicht erbberechtigt.

11. – 20. September Das von König Ferdinand I. angeregte Wormser Religionsgespräch zum Ausgleich der Gegensätze scheitert an der Uneinigkeit unter den Protestanten.

Dezember Ein weiterer Versuch König Ferdinands I. zur Wiederaufnahme der Religionsgespräche scheitert.

1558 25. Februar König Ferdinand I. wird von den Kurfürsten nach mühsamen Verhandlungen zum Kaiser gewählt.

24. März Im Frankfurter Dom findet die Kaiserkrönung Ferdinands I. statt.

21. September Kaiser Karl V. stirbt in San Jeronimo de Yuste.

1560 Kaiser Ferdinand I. erhebt die Herrschaft Hohenems zur Reichsgrafschaft, was Reichsunmittelbarkeit bedeutet.

1562 März Kaiser Ferdinand I. schließt mit den Osmanen Frieden, in dem der gegenseitige Besitzstand garantiert wird. Auch die Zahlung weiterer Ehrengeschenke an den Sultan wird vereinbart.

14. Mai Erzherzog Maximilian wird zum König von Böhmen gewählt und gekrönt.

6. Juni Dem Konzil von Trient legt Kaiser Ferdinand I. sein „Reformationslibell" vor, das Zugeständnisse gegenüber den Protestanten verlangt. Die Konzilsteilnehmer lehnen ab, doch Papst Pius IV. (1499–1565) stimmt zu, dass in den habsburgischen Ländern das Abendmahl in beiderlei Gestalt gespendet wird.

24. November Erzherzog Maximilian wird in Frankfurt zum römischen König gewählt und auch dort gekrönt. Maximilian ist als Freund der Protestanten bekannt.

1564 18. Juni Im Bistum Wien wird feierlich verkündet, dass das Abendmahl in beiderlei Gestalt empfangen werden darf.

25. Juli Nach dem Tod von Kaiser Ferdinand I. tritt sein ältester Sohn Maximilian II. die Nachfolge im Reich und in Böhmen und Ungarn an.

1565 28. Dezember Kaiser Maximilian II. erklärt den Ständen am Landtag in Linz, dass er dem Begehren nach Freistellung vom Augsburger Bekenntnis nicht nachkommen könne, da er die Politik seines Vaters fortsetzen wolle.

1566 In diesem Jahr werden die seit 1531 ausgeführten Befestigungsanlagen der Stadt Wien fertig gestellt. Wien hat nun zwölf Bastionen, die letztlich erst nach 1857 beseitigt werden. In Wien wird mit der Anlage des Hofquartierbuchs begonnen, das erstmals eine Beschreibung aller Wiener Häuser enthält.

Frühjahr Kaiser Maximilian II. verlangt auf einem Landtag der Stände Niederösterreichs in Wien ihre Unterstützung im Kampf gegen die Türken. Diese verlangen dafür die freie Augsburger Konfessionsausübung.

Sommer Kaiser Maximilian II. zieht mit einem 60.000 Mann starken Heer gegen die Osmanen.

8. September Trotz des Todes von Sultan Suleyman in der Nacht vom 5. zum 6. September belagern die Türken weiterhin die Festung Szigetvár nahe Pécs. Bei einem aussichtslosen Ausfall unter dem Kommando von Miklós Zrinyi (1508–1566) wird dieser gefangen genommen und von den Türken enthauptet. Der Kaiser steht mittlerweile tatenlos mit seinen Truppen an der Raab.

1567 Erzherzog Ferdinand von Tirol beginnt in seinem Land mit der Gegenreformation.

1568 17. Februar Kaiser Maximilian II. und Sultan Selim II. (1524–1574) schließen den Frieden von Adrianopel für die Dauer von acht Jahren. In der Folge wird dieses Abkommen mehrfach erneuert.

31. Oktober Kaiser Maximilian II. erlässt für Wien eine Polizeiordnung.
7. Dezember Kaiser Maximilian II. bewilligt den adeligen Ständen in Ober- und Niederösterreich die freie Ausübung der Augsburger Konfession.
1569 In Innerösterreich, aber auch in Ungarn und Kroatien kommt es zu Bauernunruhen. Die Unzufriedenheit der Bauern ergibt sich aus der Unterdrückung durch den Landadel und wegen der unbefriedigenden Religionssituation.
1570 In der Kapelle des niederösterreichischen Landhauses in Wien finden regelmäßig protestantische Gottesdienste statt.
16. August Johann Sigismund Szapolyai muss mit Kaiser Maximilian II. Frieden schließen, da er durch den Vertrag von Adrianopel die Unterstützung des Sultans verloren hat. Er verzichtet auf den Titel eines Königs von Ungarn, behält den Fürstentitel in Siebenbürgen und verpflichtet sich in einem Geheimvertrag zur Unterstützung der Habsburger gegen die Türken.
1571 14. Jänner Kaiser Maximilian II. erweitert für Niederösterreich seine Zusagen vom Dezember 1568 auch auf die Untertanen der Stände.
1572 In Wien wird der „Spanische Reitstall“, Vorläufer der Hofreitschule, errichtet.
Frühjahr Auf einem Landtag in Innerösterreich erklärt Erzherzog Karl, dass er den Ständen volle Gewissensfreiheit und Religionsausübung gestatte, sofern diese ihm Gehorsam leisten und die katholische Religion nicht schmähen.
14. Juli Nach dem Tod von König Sigismund II. von Polen (* 1520) bewirbt sich Erzherzog Albrecht (1559–1621), ein Sohn von Kaiser Maximilian II., gegen die Kandidatur von Heinrich von Anjou (1551–1589), vergeblich um den polnischen Thron.
26. Dezember Erzherzog Rudolph, ältester Sohn von Kaiser Maximilian I., wird zum König von Ungarn gewählt und gekrönt.
1573 Die Stände des Landes vor dem Arlberg erringen die Steuerhoheit.

1574 Papst Gregor XIII. (1502–1585), ein Betreiber der Gegenreformation, fördert die Gründung eines katholischen Priesterseminars in Wien.

1575 18. August Kaiser Maximilian II. eröffnet in Prag den böhmischen Landtag, um seinen Sohn Rudolph zum König von Böhmen wählen zu lassen.

7. September Erzherzog Rudolph wird zum böhmischen König gewählt und am 22. September im Prager Veitsdom feierlich gekrönt.

14. Dezember Kaiser Maximilian II. wird vom polnischen Senat zum König von Polen gewählt, da König Heinrich das Land verlassen hat, um in Frankreich die Thronfolge nach seinem verstorbenen Bruder Karl IX. (1550–1574) anzutreten. Die polnischen Stände lehnen Maximilian aber ab und wählen Stephan IV. Báthory (1533–1586). Auch Erzherzog Ernst (1553–1600), Sohn Kaiser Maximilians II., ist kurz als Prätendent für den polnischen Thron im Gespräch.

1576 25. Juni Am Reichstag in Regensburg hält der schon schwerkranke Kaiser Maximilian II. eine Rede über die Türkengefahr. Die anwesenden Fürsten bewilligen danach eine ansehnliche Türkenhilfe.

12. Oktober Nach dem Tod Kaiser Maximilians II. folgt ihm sein Sohn Erzherzog Rudolph nach. Dieser wird am 27. Oktober zum römischen König und Kaiser gewählt.

1. November Die Kaiserkrönung Rudolphs II. erfolgt im Dom zu Regensburg.

1577 1. Oktober Die niederösterreichischen Stände versammeln sich zu einer feierlichen Erbhuldigung für Kaiser Rudolph II., nach dem seine Brüder dem zugestimmt haben und auf Landbesitz verzichtet haben.

3. Oktober Matthias (1557–1619), Bruder von Kaiser Rudolph II., verlässt heimlich Wien, um eine nicht gesicherte Statthalterschaft in den Niederlanden anzutreten.

1578 Der protestantische Prediger Josua Opitz (1542–1584) wird aus Wien ausgewiesen; die Gottesdienste in der Landhauskapelle werden verboten und die angeschlossene Landhausschule geschlossen.

1. Jänner In Bruck an der Mur wird der innerösterreichische Landtag eröffnet, dessen Abhaltung die Städte und Märkte verlangt haben.

9. Februar Erzherzog Karl von Innerösterreich bestätigt im „Brucker Libell" die Gewissens- und Glaubensfreiheit den Städten und Märkten wie den Ständen und Rittern.

15. Mai Erzherzog Matthias muss die kaum übernommene Statthalterschaft in den Niederlanden wieder niederlegen. Da er Schulden gemacht hat, muss ihn Rudolph II. auslösen.

Sommer Wegen der anhaltenden Zwischenfälle an der türkischen Grenze beauftragt Kaiser Rudolph II. seinen Bruder Ernst mit der Sicherung der ungarischen und seinen Bruder Karl von Innerösterreich mit der Sicherung der kroatischen Grenze. Erzherzog Ernst wird auch Statthalter von Nieder- und Oberösterreich, wo er sofort die Gegenreformation einleitet. Unterstützung findet er vor allem bei Kardinal Melchior Khlesl (1553–1630).

13. Juli Die Stände des Landes ob der Enns überreichen Kaiser Rudolph II. eine Protestnote, in der sie sich gegen die gegenreformatorischen Bestrebungen wehren; sie wollen an der Augsburger Konfession festhalten.

September Kaiser Rudolph II. erkrankt an einem Magenleiden, es wird auch von Melancholie gesprochen.

1579 In der Herrschaft Bregenz wird die Leibeigenschaft aufgehoben.

Sommer Den Wienern, die zum protestantischen Gottesdienst nach Hernals und Inzersdorf gegangen sind, wird das „Auslaufen" verboten.

19. Juli Die Wiener Protestanten überreichen Erzherzog Ernst eine Petition wegen Erlangung der Religionsfreiheit.

Um 1580 Erzherzog Karl von Innerösterreich beginnt mit der Gegenreformation in seinen Ländern. Er will auch das Brucker Libell rückgängig machen.

1581 Die Reichsgrafen von Hohenems versuchen, aus Vorarlberg ein erbliches Fürstentum zu machen; sie scheitern am

Widerstand der Stände und der Regierung von Tirol und den Vorlanden.

1582 2. Juli Kaiser Rudolph II. eröffnet den Reichstag in Augsburg. Erzherzog Karl von Innerösterreich berichtet bei dieser Gelegenheit über die akute Türkengefahr. Die protestantischen Reichsfürsten wollen nur dann Gelder für eine Türkenhilfe bewilligen, wenn der Kaiser die Beschwerden über die Gegenreformation anerkennt.

Mitte September Im Auftrag von Papst Gregor XIII. überreicht Kardinal Lodovico Madruzzo dem Kaiser den verbesserten Gregorianischen Kalender, den die protestantischen Reichsfürsten zunächst ablehnen. Kaiser Rudolph II. befürwortet den neuen Kalender.

20. September Der Reichstag in Augsburg geht zu Ende, nachdem, die Fürsten eine beachtliche Türkenhilfe bewilligt haben. Kaiser Rudolph II. begibt sich nach Wien, da in Prag die Pest wütet.

1583 Kaiser Rudolph II. geht endgültig nach Prag, wo er am Hradschin Residenz nimmt.

27. September In Wien wird die angebliche Hexe Elisabeth Plainacher (* um1513), die beschuldigt wird, ihre Enkelin verhext zu haben, verbrannt. Die Jesuiten behaupten, dem epileptischen Mädchen mehr als 12.000 Teufel ausgetrieben zu haben. Dies bleibt der einzige Hexenprozess in Wien.

1586 Erzherzog Karl von Innerösterreich gründet in Graz eine Universität.

Frühjahr Papst Sixtus V. (1521–1590) veröffentlicht in den katholischen Ländern die Bulle „In poena Domini", die zu weiteren religiösen Spannungen führt. Kaiser Rudolph II. verbietet daraufhin die Veröffentlichung päpstlicher Bullen ohne kaiserliche Genehmigung.

12. Dezember Nach dem Tod von Stephan IV. Báthory bewerben sich vier Habsburger um den polnischen Thron: Erzherzog Ferdinand von Tirol und die Erzherzöge Ernst, Matthias und Maximilian (1558–1618), die Brüder Kaiser Rudolph II.

1587 19. August Der polnische Reichstag wählt Sigismund Wasa (1566–1632), Sohn der Katharina Jagellonica (1526–1583) zum König, der als Sigismund III. den Thron besteigt. Drei Tage später wählt eine Gegenpartei den Habsburger Maximilian.

1588 24. Jänner Erzherzog Maximilian, der mit einem kleinen Heer in Polen einmarschiert ist, wird bei Pitschen von einem Heer König Sigismunds III., das unter dem Kommando von Jan Zamoyski (1542–1605) steht, besiegt. Der Erzherzog wird gefangen genommen.

1589 Im Vertrag von Beuthen verzichtet Erzherzog Maximilian auf den polnischen Thron. Er wird daraufhin frei gelassen.

1590 10. Juli Nach dem Tod von Erzherzog Karl von Innerösterreich übernimmt Erzherzog Ernst die Vormundschaft für dessen minderjährigen Sohn Ferdinand (1578–1637) und führt für ihn die Regierungsgeschäfte.

15. September Ein schweres Erdbeben, das sich schon durch Vorbeben im Sommer angekündigt hat, erschüttert in der Nacht zum 16. September Wien und weite Teile Niederösterreichs. Es gibt Tote und Verletzte, zahlreiche Häuser stürzen ein, der Stephansdom wird beschädigt, der Turm der Michaelerkirche bricht ab.

1592 Obwohl der Friede von Adrianopel des Jahres 1568 ein weiteres Mal verlängert wird, dauern die Grenzkonflikte mit den Osmanen an.

1593 Frühjahr Der Pascha von Bosnien überschreitet ohne Kriegserklärung die Grenze und belagert die kroatische Festung Sisak.

22. Juni Kaiserliche Truppen besiegen den Osmanen bei Sisak, der Pascha von Bosnien und etwa 20.000 Türken fallen.

13. August Sultan Murad III. (1546–1595) erklärt Kaiser Rudolph II. den Krieg, ein osmanisches Heer fällt in Kroatien ein und erobert wieder die Festung Sisak.

1594 13. Mai Der Reichstag in Regensburg, der die Türkengefahr als Hauptproblem diskutieren soll, wird von Auseinandersetzungen über das Religionsbekenntnis dominiert.

19. August Der Reichstag bewilligt eine Türkenhilfe; auch Papst Clemens VIII. (1536–1605) sagt Hilfstruppen zu.

Ende September Ferdinand Graf Hardegg (1549–1595) übergibt nach 20-tägiger Belagerung die Festung Raab, die von den Osmanen mit einem 40.000 Mann starken Heer bedroht worden ist.

In Oberösterreich beginnen Bauernunruhen wegen der Gegenreformation und der Unterdrückung durch die Grundherren.

1595 24. Jänner Mit dem Tod von Erzherzog Ferdinand von Tirol fällt der Besitz seiner Länder an seine Neffen, da aus der nicht standesgemäßen Ehe mit Philippine Welser kein Kinder und aus der zweiten Ehe mit Anna Katharina Gonzaga (1566–1621) eine nicht erbberechtigte Tochter hervorgingen.

28. Jänner Kaiser Rudolph II. anerkennt Sigismund Báthory (1572–1613), der mit Erzherzogin Maria Christierna (1574–1621) verheiratet ist, als Fürsten von Siebenbürgen. Dieser erweist sich als fähiger Feldherr im Kampf gegen die Türken.

15. Juni Ferdinand Graf Hardegg, der die Festung Raab an die Türken übergeben hat, wird in Wien auf Befehl Kaiser Rudolph II. enthauptet.

13. November Oberösterreichische Bauern fügen bei Kledt nahe Neumarkt im Hausruckviertel den landesfürstlichen Truppen eine Niederlage zu.

1596 Erzherzog Ferdinand (II.) übernimmt in Innerösterreich die Regierungsgeschäft nach seinem Vater. Er lässt sofort die Gegenreformation mit aller Gewalt durchführen.

13. Oktober Ein aus kaiserlichen und siebenbürgischen Truppen gebildetes Heer unterliegt bei Mező-Keresztes in der Nähe von Erlau einem osmanischen Heer. In der Folge erobern die Türken die Stadt Erlau.

1597 September Der Bauernaufstand in Oberösterreich ist niedergekämpft.

6. Oktober Kaiser Rudolph II. erlässt für das Land ob der Enns eine Resolution, dass nur mehr die katholische Religion gestattet wird.

27. September Kaiser Rudolph II. schließt in Prag mit Fürst Sigismund Báthory einen Vertrag, in dem Báthory Siebenbürgen an den Kaiser abtritt. Er erhält als Entschädigung die schlesischen Herzogtümer Oppeln und Ratibor.

1598 29. März Kaiserliche Truppen unter dem Kommando von Adolf von Schwarzenberg (1551–1600) erobern von den Türken die Festung Raab, wobei sie beachtliche Kriegsbeute machen.

8. April Die siebenbürgischen Stände huldigen dem neuen Landesherrn Kaiser Rudolph II.

22. August Von den unzufriedenen Ständen geholt, kehrt Sigismund Báthory nach Siebenbürgen zurück.

Herbst Erzherzog Ferdinand (II.) von Innerösterreich erlässt eine Weisung, wonach alle Protestanten das Land binnen zwei Wochen zu verlassen haben.

1599 Da in Prag die Pest wütet, residiert Kaiser Rudolph II. vorübergehend in Pilsen.

1600 Der Gesundheitszustand von Kaiser Rudolph II. wird immer schlechter, er leidet zuweilen an Verfolgungswahn.

Mitte Oktober Johannes Keppler (1571–1630), der als Protestant Graz verlassen muss, geht auf Aufforderung des dänischen Hofastronomen Tycho de Brahe (1546–1601) nach Prag.

November Die Erzherzöge Matthias, Maximilian und Ferdinand (II.) schließen in Schottwien einen Vertrag, in dem sie sich sogar zu beschränkter Gewaltanwendung gegen den suizidgefährdeten Kaiser Rudolph II. verpflichten, solange die Erbfolge seitens des Kaisers nicht geklärt wird.

1601 28. Juli In den habsburgischen Ländern werden strenge kaiserliche Patente gegen die Protestanten erlassen. Diese können sich entweder bekehren oder müssen sofort auswandern.

30. Juli In Hallstatt kommt es zu einem offenen Aufstand der Protestanten, der Aufruhr breitet sich unter den Salzknechten und Bauern des Salzkammergutes aus.

1602 In der kaiserlichen Hofwerkstatt in Prag entsteht eine kostbare Krone, die ab 1804 zur österreichischen Kaiserkrone wird.

5. Februar Die Verwaltung Tirols wird Erzherzog Maximilian übertragen.

13. Februar Fürst Sigismund Báthory verzichtet endgültig auf Siebenbürgen.

28. Februar In Oberösterreich wird die Gegenreformation mit aller Härte durchgesetzt.

1603 Kaiser Rudolph II. zieht sich immer mehr von den Amtsgeschäften zurück.

April In Prag ersucht eine Gesandtschaft aus der Walachei um Hilfe bei der Klärung der inneren Wirren Siebenbürgens.

1604 3. Februar Bei einem ungarischen Landtag in Pressburg fordern die Stände Religionsfreiheit, während Erzherzog Matthias im Namen des Kaisers die Auflösung der protestantischen Gemeinden fordert.

1. Mai Ein Zusatz von Kaiser Rudolph II. zu den Beschlüssen des ungarischen Landtages erbost die ungarischen protestantischen Stände.

November In Ungarn und Siebenbürgen kommt es zum Aufstand gegen Kaiser Rudolph II., Anführer der Bewegung ist der protestantische Adelige Stephan Bocskai (1557–1606).

1605 21. Februar Die siebenbürgischen Stände wählen Stephan Bocskai zum Fürsten.

20. April Die ungarischen Stände wählen Bocskai zum Fürsten, er lässt sich allerdings nicht mit der von Sultan Ahmed I. (1589/1590–1617) ihm übermittelten Krone krönen.

30. April Die österreichischen Erzherzöge Matthias, Maximilian, Ferdinand (II.) und Maximilian Ernst (1583–1616) verabreden sich in Linz, Kaiser Rudolph II. nachdrücklich zu veranlassen, die Nachfolgefrage zu regeln, da dessen Verfolgungswahn immer deutlicher wird.

28. Mai Kaiser Rudolph II. erteilt seinem Bruder Erzherzog Matthias in Prag die Vollmacht, in Ungarn Krieg zu führen und mit Stephan Bocskai zu verhandeln. Die Nachfolgefrage will der Kaiser nicht regeln.

8. Oktober Ein osmanisches Heer, das zur Unterstützung Bocskais entsandt wurde, erobert Gran und in der Folge Visegrád, Palota, Veszprém und Neuhäusel.

11. November Großwesir Lala (= Prinzenerzieher) Mohamed übergibt in Ofen Krone, Szepter, Fahne und Schwert an Stephan Bocskai. Mit dieser symbolischen Geste steht Bocskai unter dem Schutz des Sultans.

1606 Erstes Halbjahr Stephan Bocskai fällt mit seinen Truppen in Mähren und Niederösterreich ein, wo er große Verwüstungen anrichtet, was Unzufriedenheit bei der Bevölkerung auslöst. Die deutschen Reichsfürsten beginnen, sich Gedanken über eine Absetzung von Kaiser Rudolph II. zu machen.

25. April In Wien beginnen auf Anregung von Kardinal Khlesl Geheimverhandlungen der österreichischen Erzherzöge; Erzherzog Matthias wird zum Chef des Hauses bestimmt.

23. Juni Erzherzog Matthias schließt mit Stephan Bocskai Frieden. Bocskai wird als Fürst von Siebenbürgen anerkannt, den ungarischen Ständen und königlichen Städten wird freie Religionsausübung zugesichert.

11. November Der Friede von Zsitvatorok, zwischen Gran und Komorn gelegen, beendet den so genannten „langen Türkenkrieg". Der tatsächliche Besitzstand bleibt erhalten, Der Kaiser verliert nur Gran, Erlau und Kanizsa. Das jährliche Ehrengeschenk wird durch eine Einmalzahlung von 200.000 Gulden ersetzt. Erstmals anerkennen die Osmanen den Kaiser als gleichberechtigten Partner. Der auf 20 Jahre geschlossene Vertrag wird von Kaiser Rudolph II. nur ungern akzeptiert.

1607 12. Februar Die Stände Siebenbürgens wählen nach dem Tod des Stephan Bocskai Sigismund Rákóczi (1544–1608) zum neuen Fürsten Siebenbürgens. Der Kaiser unterstützt jedoch den Gegenkandidaten Gabriel Báthory (1589–1613), was Rákóczi veranlasst zurückzutreten, um einen Bürgerkrieg zu vermeiden.

1608 1. Februar Erzherzog Matthias schließt in Pressburg mit Vertretern der Protestanten aus Böhmen, Mähren, Ungarn und

Österreich ein Bündnis zur Aufrechterhaltung des inneren und äußeren Friedens.

4. März Die siebenbürgischen Stände bestätigen Gabriel Báthory als ihren Fürsten, er wird auch vom Sultan anerkannt.

27. April Da protestantische Stände den Reichstag von Regensburg verlassen, ist dieser damit gesprengt. Die Ohnmacht Kaiser Rudolphs II. wird offenkundig.

Ende April Erzherzog Matthias setzt ein Heer gegen seinen kaiserlichen Bruder in Marsch.

19. Mai In Böhmisch-Brod, nur wenige Kilometer von Prag entfernt, kommt es zu Verhandlungen zwischen Kaiser Rudolph II. und Erzherzog Matthias.

23. Mai Kaiser Rudolph II. eröffnet in Prag feierlich den böhmischen Landtag; dieser soll über die Ansprüche von Erzherzog Matthias entscheiden. Der Kaiser sagt den Ständen eine baldige Entscheidung in der Religionsfrage zu.

25. Juni Kaiser Rudolph II. schließt in Lieben bei Prag einen Vertrag mit seinem Bruder Matthias, in dem er Österreich, Ungarn und Mähren an Matthias abtritt. Er sichert ihm auch die Anwartschaft auf die böhmische Krone zu. Dafür verzichtet Matthias zu Gunsten von Erzherzog Maximilian auf Tirol und die Vorlande.

29. Juni Protestantische Vertreter aus Österreich, Ungarn und Mähren schließen einen Geheimvertrag; ihr Misstrauen gegen Erzherzog Matthias wächst.

11. September Die protestantischen Stände von Ober- und Niederösterreich sagen sich von Erzherzog Matthias los.

3. Oktober Im „Horner Bündnisbrief“ fordern die protestantischen Stände die Bestätigung von Privilegien wie im Vertrag von Lieben, erst dann wollen sie Erzherzog Matthias huldigen.

16. November Auf einem Reichstag in Pressburg wird Erzherzog Matthias zum König von Ungarn gewählt, nachdem er zuvor die Forderungen der Stände erfüllt hat.

1609 19. März Bei Verhandlungen mit den Ständen des „Horner Bündnisbriefes“ bestätigt König Matthias deren Freiheiten und „alte Gewohnheiten“.

29. Mai Die Stände Böhmens mahnen Kaiser Rudolph II. wegen seiner Zusage, die Religionsfrage zu regeln.

Sommer Kaiser Rudolph II. beauftragt seinen Neffen, Erzherzog Leopold (1586–1632), Bischof von Passau und Straßburg, im Jülich-Kleve'schen Erbfolgestreit einzugreifen. Seine Truppen bleiben erfolglos, diese Initiative verschärft nur den Streit zwischen Katholiken und Protestanten im Reich.

9. Juli Kaiser Rudolph II. erlässt den „Majestätsbrief", in dem er den Bewohnern Böhmens Gewissensfreiheit zusichert. Die Errichtung von Kirchen und Schulen wird gestattet.

10. Juli Herzog Maximilian I. von Bayern (1573–1651) gründet die katholische Liga, der zunächst die Bischöfe von Passau, Regensburg, Augsburg und Konstanz beitreten, etwas später auch die katholischen Reichsstände.

28. August Kaiser Rudolph II. erlässt auch für Schlesien einen Majestätsbrief.

1610 Frühjahr Erzherzog Leopold wirbt Truppen an, das so genannte „Passauer Kriegsvolk", um im Erbfolgestreit um Jülich-Kleve noch einmal einzugreifen.

10. September Im Vertrag von Prag anerkennen die österreichischen Erzherzöge Kaiser Rudolph II.; dieser will Erzherzog Leopold im Reich zu seinem Nachfolger machen.

Anfang Dezember Kaiser Rudolph II. stimmt der Verlegung des Passauer Kriegsvolks nach Böhmen zu.

21. Dezember Wegen nicht ausbezahltem Sold und mangels Ernährung fällt das Passauer Kriegsvolk in Oberösterreich ein.

1611 10. Jänner Das Passauer Kriegsvolk verheert die Stadt Linz und ihre Umgebung. In der Folge zieht es nach Böhmen ab.

15. Februar Das Passauer Kriegsvolk besetzt in Prag das linke Moldauufer. Die Soldaten plündern auf der Kleinen Seite, während Erzherzog Leopold den Kaiser beschwichtigt.

Anfang März König Matthias rückt mit einer Streitmacht nach Mähren vor, wo ihn die Stände bestürmen einzugreifen.

8. März Das Passauer Kriegsvolk verlässt Prag. Erzherzog Leopold folgt ihnen drei Tage später.

24. März König Matthias zieht, in ungarischer Tracht, an der Spitze seiner Truppen in Prag ein.

23. Mai König Matthias wird im Prager Veitsdom zum König von Böhmen gekrönt, nachdem die Stände zuvor eine Bestätigung ihrer Privilegien vom Kaiser erhalten haben.

1612 13. Juni Nach dem Tod von Kaiser Rudolph II. wird sein jüngerer Bruder König Matthias zum römischen Kaiser gewählt.

10. Oktober In der Schlacht bei Marienburg besiegen die Kronstädter Bürger die Truppen Gabriel Báthorys, der zwei Jahre zuvor Hermannstadt besetzt und geplündert hat.

Dezember Marcus Sitticus von Hohenems (1574–1619) wird zum Erzbischof von Salzburg gewählt, seinen Vorgänger Wolf Dietrich von Raitenau (1559–1619), der im Laufe eines Streits mit Herzog Maximilian I. von Bayern gefangen genommen worden ist, hält er auf Burg Hohenwerfen in Haft. Marcus Sitticus führt die Gegenreformation mit großer Strenge durch.

1613 23. Oktober Die siebenbürgischen Stände wählen Gabriel Bethlen (um 1580–1629) zum neuen Fürsten, nach dem sie im Vorjahr Gabriel Báthory abgesetzt haben.

27. Oktober Der wegen seiner Willkürherrschaft verhasste Gabriel Báthory wird in Großwardein von Haiduken ermordet.

1614 11. August Der von Kaiser Matthias nach Linz einberufene Generallandtag befasst sich in erster Linie mit der Türkengefahr. Der Landtag will mit dem siebenbürgischen Fürsten Gabriel Bethlen Frieden halten.

1615 6. Mai Kaiser Matthias schließt mit den siebenbürgischen Fürsten Gabriel Bethlen in Tyrnau Frieden. Bethlen verpflichtet sich, den Kaiser im Kampf gegen die Türken zu unterstützen.

Juni In Prag findet ein Generallandtag der habsburgischen Länder statt, Kaiser Matthias muss zahlreiche Forderungen der Stände erfüllen.

Sommer Erzherzog Ferdinand (II). von Innerösterreich wird durch Seeräubereien der ihm unterstehenden Uskoken in einen Handelskrieg mit Venedig verwickelt. Die Venezianer fallen im Isonzogebiet ein, die Festung Gradisca wird von Albrecht von Wallenstein (1583–1634) verteidigt.

14. Juli Der Friede von Zsitvatorok wird um 20 Jahre verlängert.

1616 Mai Kaiser Matthias verbietet den Bau von protestantischen Kirchen in Braunau in Böhmen und Klostergrab bei Prag. Dadurch verschärfen sich die konfessionellen Gegensätze.

1617 Erzbischof Marcus Sitticus von Salzburg gründet eine höhere Lehranstalt für Theologie und Philosophie.

20. März Erzherzog Ferdinand (II.) von Innerösterreich schließt mit König Philipp III. von Spanien (1578–1621) den Oñate-Vertrag, benannt nach dem spanischen Gesandten Oñate. Der spanische König verzichtet auf Ansprüche auf die Nachfolge im Reich, er erhält das Elsass, Hagenau und Ortenburg.

15. Juni Kaiser Matthias bestätigt den Oñate-Vertrag, damit ist auch die Nachfolge von Ferdinand von Innerösterreich in Böhmen, Ungarn und im Reich gesichert.

29. Juni Erzherzog Ferdinand (II.) wird zum König von Böhmen gekrönt, nachdem er die Forderung der böhmischen Stände nach Bestätigung des Majestätsbriefs erfüllt hat.

26. September Im Frieden von Madrid, der durch spanische und französische Vermittlung zustande kommt, einigen sich Erzherzog Ferdinand (II.) und die Venezianer. Der Erzherzog zügelt die Uskoken, die Venezianer geben die eroberten Orte zurück.

1618 6. März Bei einem Landtag der protestantischen Stände in Prag legen diese Beschwerde ein, dass König Ferdinand (II.) die Zusagen des Majestätsbriefs nicht hält. Die Beschwerden werden zurückgewiesen, ein Verbot für die Wiederaufnahme des Landtags ausgesprochen.

16. Mai Nach langen und mühsamen Verhandlungen wird Ferdinand (II.) als König von Ungarn akzeptiert. Als Palatin wird Sigismund Forgách bestellt. Ferdinand verlegt seine Residenz aus Graz nach Wien, Kaiser Matthias aus Prag nach Wien.

23. Mai In Prag kommt es zum offenen Aufruhr der Protestanten, sie dringen in die Burg ein und werfen nach einem Streit die Statthalter Jaroslav Graf Martinitz (1582–1649) und Wilhelm

Graf Slavata (1573–1652), sowie den Schreiber Philipp Fabricius aus dem Fenster in den Burggraben. Mit diesem (Zweiten) Prager Fenstersturz beginnt der Dreißigjährige Krieg. Die Aufständischen setzen eine provisorische Regierung ein und stellen unter Matthias Graf Thurn (1567–1640) ein Heer auf.

1. Juli König Ferdinand (II.) wird zum König von Ungarn gekrönt.

20. Juli Kardinal Melchior Khlesl wird ohne Wissen des Kaisers auf Befehl von König Ferdinand (II.) verhaftet und nach Tirol gebracht. Da Khlesl eher einen Ausgleich mit den Aufständischen will, wird er von der Kriegspartei aus Wien weggeschafft.

Jahresende Die oberösterreichischen Stände und die niederösterreichischen Protestanten solidarisieren sich mit den Aufständischen.

1619 Jahresanfang Erzherzog Leopold übernimmt die Verwaltung von Tirol und den Vorlanden.

April Matthias Graf Thurn besetzt gemeinsam mit den aufständischen Ungarn mit seinem Heer Mähren und fällt von dort in Niederösterreich ein.

5. Juni Matthias Graf Thurn erreicht mit seinen Truppen Wien. Die protestantischen Stände überreichen König Ferdinand (II.) einen „Sturmpetition", in der sie Zugeständnisse in Glaubensfragen und einen moderaten Frieden in Böhmen fordern, was König Ferdinand aber ablehnt, da er die Wiener Garnison bereits verstärkt hat.

31. Juli Der Prager Generallandtag beschließt die „Böhmische Konföderationsakte", eine aus etwa 100 Artikeln bestehende ständische Verfassung.

16. August Die protestantischen Stände Böhmens und Österreichs verbünden sich gegen König Ferdinand (II.). Einen Tag später erklären sie seine Wahl zum böhmischen König für ungültig.

26. August Die böhmischen Stände wählen Kurfürst Friedrich V. von der Pfalz (1596–1632) zum böhmischen König.

28. August König Ferdinand (II.) wird in Frankfurt am Main zum römischen Kaiser gewählt.
19. September Ferdinand II. wird zum Kaiser gekrönt.
8. Oktober Kaiser Ferdinand II. und Herzog Maximilian I. von Bayern schließen in München einen Vertrag, in dem sich der Bayernherzog verpflichtet, dem Kaiser in der Auseinandersetzung mit Böhmen Waffenhilfe zu leisten. Der Kaiser sichert dem Bayern die Verpfändung eventuell eroberter Erbländer zu, solange bis die Kriegskosten ersetzt sind.
4. November Kurfürst Friedrich V. von der Pfalz wird zum König von Böhmen gekrönt.
1620 8. Jänner Gabriel Bethlen wird auf dem Reichstag in Pressburg zum „Fürsten von Ungarn" gewählt.
21. März Im Vertrag von Mühlhausen bindet Kaiser Ferdinand II. Kurfürst Johann Georg von Sachsen (1585–1656) an die kaiserliche Sache.
3. Juli Im Vertrag von Ulm schließen die Katholische Liga und die Protestantische Union einen Nichtangriffspakt; damit hat Kaiser Ferdinand II. freie Hand in Böhmen.
25. Juli Ein bayerisches Heer unter General Johann Tserclaes Graf Tilly (1559–1632) überschreitet die oberösterreichische Grenze, um den Kaiser gegen die protestantischen Stände zu unterstützen.
4. August Die bayerischen Truppen besetzen Linz.
20. August Herzog Maximilian I. von Bayern setzt Adam Graf Herberstorff (1585–1629) als Statthalter in Oberösterreich ein.
27. August Fürst Gabriel Bethlen wird auf dem Reichstag von Neusohl (= Banská Bystrica in der Slowakei) zum König von Ungarn gewählt.
8. November Schlacht auf dem Weißen Berg bei Prag: Die kaiserlichen und katholischen Truppen unter dem Kommando von Herzog Maximilian I. von Bayern bringen Kurfürst Friedrich V. von der Pfalz, der nach dieser Schlacht als „Winterkönig" in die Geschichte einging, eine verheerende Niederlage bei. Die siegreichen Truppen besetzen Prag, Friedrich V. flieht.

Ende November Kaiser Ferdinand II. errichtet die Österreichische Hofkanzlei, eine von der Reichskanzlei unabhängige Behörde, nur für die habsburgischen Erbländer geschaffen. Diese Hofkanzlei übernimmt auch Aufgaben im Bereich der Justiz, der inneren und äußeren Angelegenheiten.

1621 Mai Die protestantische Union beginnt sich aufzulösen.

10. Mai Kaiser Ferdinand II. legt die Unteilbarkeit der habsburgischen Erbländer fest.

19. Juni Im Prozess gegen die Führer des böhmischen Aufstandes, sofern man ihrer habhaft wurde, ergehen die Urteil: 24 von ihnen werden zum Tode verurteilt. Sie werden zwei Tage später öffentlich auf dem Altstädter Ring in Prag enthauptet. In Böhmen beginnt nun die Gegenreformation, die von vielen Güterkonfiskationen begleitet wird.

November In Wien beginnt wöchentlich eine Zeitung, die „Ordentliche Postzeitung aus Wien" zu erscheinen.

31. Dezember Kaiser Ferdinand II. schließt mit Gabriel Bethlen in Nikolsburg Frieden, wobei letzterer auf die ungarische Krone verzichtet; er erhält dafür Oppeln und Ratibor sowie ostungarische Gebiete auf Lebenszeit.

1622 17. Jänner Johann Georg von Sachsen unterwirft Schlesien.

April In Graubünden kommt es wegen der rigorosen Durchführung der Gegenreformation zu Aufständen.

14. Mai In Feldkirch (Vorarlberg) beschließt eine Ständeversammlung, dass Vorarlberger nicht außerhalb der Landesgrenzen eingesetzt werden dürfen.

Ende August Truppen von Erzherzog Leopold schlagen den Aufstand in Graubünden in wenigen Tagen nieder. Das Unterengadin und acht Gerichte werden wieder habsburgisches Gebiet.

1623 7. Jänner Auf dem Fürstentag zu Regensburg erscheinen keine protestantischen Fürsten, außer dem Landgrafen von Hessen-Darmstadt.

25. Februar Auf dem Regensburger Fürstentag wird Herzog Maximilian I. von Bayern auf Lebenszeit mit der pfälzischen Kurwürde belehnt. Er tritt damit die Erbschaft von Kurfürst

Friedrich V. von der Pfalz an, der mittlerweile im Exil lebt. Maximilian I. von Bayern erhält außerdem Oberösterreich als Ersatz für die Kriegskosten, der Kaiser behält allerdings die Landeshoheit.

18. Juli Gegen eine Entschädigungszahlung von 50.000 Gulden gewährt Kaiser Ferdinand II. der Stadt Wien ein „Einstandsprivilegium"; das bedeutet, dass nur katholische Wiener Bürger in der Stadt ein Haus erwerben dürfen. Wiener Bürger konnten nur Katholiken werden.

7. September Kaiser Ferdinand II. erhebt Albrecht von Wallenstein in den Reichsfürstenstand. Wallenstein, ursprünglich Protestant, war 1606 zum Katholizismus konvertiert.

11. Oktober In Salzburg wird die von Erzbischof Paris Graf Lodron (1586–1653) gegründete Universität eröffnet.

23. Oktober Kaiser Ferdinand II. schließt mit seinem Bruder Karl (1590–1624), Bischof von Brixen und Breslau, einen Erbteilungsvertrag. Karl erhält die Grafschaft Glatz, die Herzogtümer Oppeln und Ratibor, die Markgrafschaft Burgau sowie die Herrschaften Nachod und Freudenthal.

Spätherbst Fürst Gabriel Bethlen bricht mit türkischer Unterstützung in Nordungarn ein, er erobert Kaschau und Tyrnau und erzielt bei Göding an der March einen Erfolg über die kaiserlichen Truppen.

19. November Kaiser Ferdinand II. muss mit Gabriel Bethlen einen Waffenstillstand schließen.

1624 12. März Kaiser Ferdinand II. erhebt die böhmische Herrschaft Friedland und weitere Güter, die sich im Besitz des Albrecht von Wallenstein befinden, zum Fürstentum.

Frühjahr König Christian IV. von Dänemark (1577–1648) übernimmt die Führung der deutschen Protestanten, da er als Herzog von Holstein Reichsfürst ist. Er verbündet sich mit England, Gabriel Bethlen und den Generalstaaten, den in der Union von Utrecht zusammengeschlossenen nördlichen Provinzen der Niederlande.

8. Mai Mit dem Frieden von Wien zwischen Kaiser Ferdinand II. und Gabriel Bethlen wird der Nikolsburger Frieden von 1621 erneuert.

Spätsommer Albrecht von Wallenstein legt Kaiser Ferdinand II. seine Pläne für eine Reform des Militärwesens und einen Feldzugsplan gegen die protestantischen Mächte vor.

Herbst Der Wiener Magistrat verbietet das so genannte „Auslaufen" nach Hernals zu den protestantischen Gottesdiensten der Familie Jörger.

Die Juden werden aus der Stadt ausgewiesen und im Unteren Werd (= heutige Leopoldstadt) angesiedelt.

4. Oktober Kaiser Ferdinand II. erlässt für das Land ob der Enns strenge Bestimmungen für die Rekatholisierung des Landes. Protestantische Lehrer und Geistliche werden ausgewiesen.

1625 7. April Albrecht Fürst Wallenstein wird zum Oberbefehlshaber der kaiserlichen Truppen ernannt.

10. April Den Oberösterreichern wird der Befehl erteilt, bis Ostern 1626 wieder den katholischen Glauben anzunehmen. Durch die strengen Maßnahmen der fremden Verwaltung des bayerischen Beauftragten Graf Herberstorff und durch die rigorose Durchführung der Gegenreformation steigt die Unzufriedenheit unter der Bevölkerung.

11./12. Mai Protestantische Bauern belagern wegen der gewaltsamen Einsetzung eines katholischen Pfarrers Schloss Frankenburg in Oberösterreich. Graf Herberstoff rückt mit Truppen an. Er versichert der Bevölkerung Gnade und ruft diese auf dem Haushamerfeld zusammen.

15. Mai Auf dem Haushamerfeld lässt Herberstoff 36 angesehene Vertreter der Bauernschaft um ihr Leben würfeln. Wer verliert, wird gehenkt. 16 werden gehenkt, nur zwei werden begnadigt. Dieses Unrecht führt zu einer Erhebung der Bauern.

13. Juni Wallenstein erhält den Titel „Herzog von Friedland".

24. September Kaiser Ferdinand II. und seiner Bruder Leopold schließen einen Erbteilungsvertrag, demzufolge Leopold Tirol und die Vorlande erhält.

27. November Auf dem Reichstag von Sopron wählen die ungarischen Stände Erzherzog Ferdinand (1608–1657), den ältesten Sohn von Kaiser Ferdinand II., zum König von Ungarn. Am 8. Dezember wird er gekrönt.

1626 20. April Erzherzog Leopold von Tirol, bisher Bischof von Passau und Straßburg, lässt sich in den Laienstand versetzen und heiratet Claudia von Medici (1604–1648), eine Tochter von Großherzog Ferdinand I. von Toskana (1549–1609).

25. April Albrecht von Wallenstein besiegt in der Schlacht bei Roßlau an der Dessau mit den kaiserlichen Truppen das pfälzische Herr unter General Ernst Graf Mansfeld (1580–1626).

17. Mai Die aufrührerischen Bauern in Oberösterreich finden mit Stephan Fadinger (1585–1626) und seinem Schwager Christoph Zeller († 1626) zwei Anführer.

21. Mai Unter dem Kommando von Christoph Zeller siegen die Bauern bei Peuerbach über eine Streitmacht von Adam Graf Herberstorff.

23. Mai Stephan Fadinger erobert kampflos Wels, Lambach, Kremsmünster und Steyr und belagert ab 28. Mai Linz.

29. Mai Christoph Zeller, der inzwischen das gesamte Mühlviertel erobert hat, belagert Freistadt.

27. Juni Stephan Fadinger hat mit etwa 10.000 Mann und 37 Geschützen Linz völlig eingeschlossen.

28. Juni Stephan Fadinger wird durch eine Musketenkugel getroffen und stirbt wenige Tage später an der Verwundung.

1. Juli Das Bauernheer erobert Freistadt.

18. Juli Ein bayerischer Schiffskonvoi bringt Musketiere, Geschütze und Verpflegung in die belagerte Stadt Linz. Bei den Kämpfen um Linz fällt Christoph Zeller. Die Bauern wählen Achaz Wiellinger († 1627) als neuen Anführer.

21. Juli Unter großen Verlusten stürmen die Bauern vergeblich gegen Linz.

25. Juli Obrist Hans Christoph Freiherr von Löbl, Kommandant einer kaiserlichen Streitmacht, vernichtet das Lager der Bauern bei Ebelsberg.

16. August Freistadt wird von den kaiserlichen Truppen zurückerobert.

24. August Adam Graf Herberstorff erobert bei einem Ausfall das von den Bauern besetzte Urfahr.

27. August Obrist Löbl nimmt Wels ein, nachdem er den Bauern freien Abzug gewährt hat.

29. August Die Bauern verlassen ihre Stellungen vor Linz.

20. September Bei Kornrödt östlich von Ried besiegen die Bauern ein bayerisches Korps.

13. Oktober Die Bauern besiegen unter dem Kommando von David Spat bei Peilstein eine kaiserliche Truppe.

23. Oktober Die kaiserlichen Truppen erobern das Bauernlager bei Peilstein.

9. November In der Schlacht im Eminger Holz erleiden die Bauern gegen ein kaiserliches Heer eine schwere Niederlage.

15. November Neuerliche Niederlage der Bauern bei Pinnsdorf westlich von Gmunden.

20. November Nach der Niederlage der Bauern bei Wolfsegg bricht der oberösterreichische Bauernaufstand zusammen.

20. Dezember Kaiser Ferdinand II. schließt mit Gabriel Bethlen, der die Bauernerhebung in Oberösterreich ausnutzen wollte und nach Westen vorgerückt ist, aber von Wallenstein in die Schranken gewiesen wird, in Pressburg wieder Frieden.

1627 Jänner Gegen die gefangenen Bauernrebellen wird ein Prozess geführt.

21. Jänner Katholischen Ärzten wird mit kaiserlichem Dekret verboten Protestanten zu behandeln.

26. März Der Bauernführer Achaz Wiellinger wird in Linz hingerichtet.

21. April Eine Feuersbrunst in Wien zerstört fast 150 Häuser.

23. April 18 Teilnehmer am Bauernaufstand werden hingerichtet.

10. Mai Kaiser Ferdinand II. erlässt die „Verneuerte Landesordnung“ für Böhmen ohne Zustimmung der Stände. Böhmen wird kaiserliche Provinz, die von Wien aus verwaltet wird. Zahlreiche protestantische Bewohner wandern aus.

September Nach langen Verhandlungen schließt Kaiser Ferdinand II. in Szöny einen für 25 Jahre geltenden Friedensvertrag mit Sultan Murad IV. (1610?–1640).

14. September Mit kaiserlichem Edikt werden alle protestantischen Geistlichen und Schulmeister aus Niederösterreich ausgewiesen.

1628 22. Februar Herzog Maximilian I. von Bayern verzichtet auf den Pfandbesitz von Oberösterreich, er wird mit der Oberpfalz und der rechten Rheinpfalz entschädigt.

21. April Kaiser Ferdinand II. ernennt Albrecht von Wallenstein zum „General des Ozeanischen und Baltischen Meeres", der Aufbau einer Flotte scheitert am Einspruch der Hansestädte.

5. Mai Mit kaiserlicher Entschließung wird Adam Graf Herberstorff zum Landeshauptmann des Landes ob der Enns ernannt.

1. August Die protestantischen Adeligen von Innerösterreich werden aufgefordert, den katholischen Glauben anzunehmen. Viele von ihnen verlassen das Land.

1629 6. März Kaiser Ferdinand II. erlässt auf Drängen der katholischen Reichsfürsten und gegen den Rat Albrecht von Wallensteins das „Restitutionsedikt". Dieses berechtigt die katholische Kirche, alle seit dem Passauer Vertrag von 1552 eingezogenen geistlichen Güter von den Protestanten zurückzufordern. Betroffen sind etwa die Erzbistümer Magdeburg und Bremen, zwölf weitere Bistümer und über 500 Klöster. Katholische Fürsten dürfen protestantische Untertanen ausweisen. Die Durchführung des Edikts wird von kaiserlichen Kommissaren überwacht, was den protestantischen Widerstand stärkt.

Mai Truppen Kaiser Ferdinands II. dringen nach Mantua vor, das der Kaiser nach dem Aussterben des letzten Herzogs als Reichslehen einziehen und an Spanien verleihen will. Allerdings erhebt auch der Herzog Karl von Nevers-Gonzaga (1580-1637) als Erbe Anspruch.

22. Mai Kaiser Ferdinand II. und König Christian IV. von Dänemark schließen in Lübeck Frieden. Es wird gegenseitige Nichteinmischung vereinbart.

1630 28. Jänner Nach dem Tod von Gabriel Bethlen wird sein Bruder Stephan (1582–1648) zum Fürsten von Siebenbürgen gewählt.

Juli Kaiserliche Truppen unter General Matthias Gallas (1584–1647) erobern Mantua.

3. Juli Kaiser Ferdinand II. eröffnet den Kurfürstentag in Regensburg. Es gelingt ihm nicht, die Wahl seines Sohnes Ferdinand zum römischen König durchzusetzen. Die Kurfürsten ihrerseits verlangen die Aussetzung des Restitutionsedikts, die Verringerung der kaiserlichen Armee und die Entlassung Wallensteins.

13. August Kaiser Ferdinand II. gibt den Fürsten nach; er entlässt Wallenstein und reduziert die Armee, obwohl König Gustav II. Adolf von Schweden (1594–1632) inzwischen auf der Insel Usedom gelandet ist. Tilly, zum Nachfolger Wallensteins ernannt, zieht gegen den schwedischen König.

13. Oktober Kaiser Ferdinand II. schließt mit Frankreich wegen der Erbfolge in Mantua Frieden.

24. Oktober Kaiser Ferdinand II. überträgt seinem Bruder Leopold von Tirol noch den Breisgau, den Sundgau, das Elsass und die Landvogteien Hagenau und Ortenau.

1. Dezember Stephan Bethlen verzichtet auf die Fürstenwürde in Siebenbürgen zu Gunsten von Georg I. Rákóczi (1593–1648).

1631 4. März Kaiser Ferdinand II. anerkennt im Vertrag von Kaschau Georg I. Rákóczi als Fürsten von Siebenbürgen.

8. April Trotz österreichischer militärischer Erfolge akzeptiert Kaiser Ferdinand II. im Friedensvertrag von Cherasco Herzog Karl von Nevers als künftigen Landesherrn in Mantua.

20. Mai General Johann Tserclaes Graf Tilly erobert Magdeburg, das dabei durch einen Brand völlig zerstört wird. Sachsen tritt daraufhin an der Seite Schwedens in den Krieg ein.

17. September Die vereinigten schwedischen und sächsischen Truppen besiegen bei Breitenfeld die Streitmacht Tillys. Die Kaiserlichen erleiden schwere Verluste. Die Position der Protestanten wird nachhaltig gestärkt.

8. Dezember Hans Ulrich Eggenberg (1568–1634) und Karl Leonhart Graf Harrach verhandeln mit Wallenstein wegen einer neuerlichen Übernahme des Kommandos der kaiserlichen Heeres, das mittlerweile Ferdinand, der Sohn des Kaisers, führt.

30. Dezember Gedrängt von Herzog Maximilian I. von Bayern bietet Kaiser Ferdinand II. Wallenstein wieder das Kommando an.

1632 Jahresanfang Beflügelt von den militärischen Erfolgen des Schwedenkönigs Gustav II. Adolf melden sich in Oberösterreich wieder protestantische Prediger zu Wort. Die „Sturmprädikanten" Jakob Greimbl († 1633) und Martin Laimbauer rufen zum offenen Widerstand auf.

16. April Durch Vermittlung böhmischer Verwandter verhandelt Albrecht von Wallenstein mit Sachsen, außerdem über Vermittler mit dem Schwedenkönig.

23. April Wallenstein übernimmt wieder das Oberkommando über das kaiserliche Heer.

22. Mai Wallenstein zieht gegen die protestantischen Truppen, Böhmen wird völlig befreit.

Sommer In Oberösterreich erheben sich wieder die Bauern, die sich auf eine Zusage des Schwedenkönigs berufen.

13. August 6000 Bauern dringen in Peuerbach (Oberösterreich) ein und ermorden in der Folge den herrschaftlichen Pfleger.

17. September Franz Christoph Graf Khevenhüller (1588–1650) besiegt mit Untertanen aus dem Attergau die Bauern bei Vöcklabruck, Köpach und Wolfsegg.

9. Oktober Obrist Werner Tserclaes Graf Tilly, ein Neffe des inzwischen Verstorbenen Johann Tserclaes Graf Tilly, besiegt die Bauern westlich von Eferding. Sie erleiden große Verluste.

16. November König Gustav II. Adolf siegt zwar in der verlustreichen Schlacht bei Lützen, fällt aber selbst in der Schlacht. Wallenstein hat erhebliche Verluste, er zieht sich nach Böhmen ins Winterquartier zurück.

1633 Jänner Dänische Abgesandte bemühen sich am Wiener Hof, in Prag bei Wallenstein und am Dresdner Hof um eine Friedensvermittlung.

19. Februar Der Prädikant Jakob Greimbl wird auf dem Linzer Hauptplatz hingerichtet.

6. Juni Ohne Kampfhandlungen aufzunehmen schließt Wallenstein mit dem Befehlshaber der sächsischen Truppen Hans Georg von Arnim (1583–1641) den Waffenstillstand von Heidersdorf.

11. Oktober Wallenstein besiegt mit einer fast dreifach überlegenen Streitmacht bei Steinau an der Oder die Truppen des Matthias Graf Thurn. Wallenstein lässt Thurn, der gefangen genommen worden ist, wieder frei, was den Wiener Hof schwer verärgert.

14. November Herzog Bernhard von Sachsen-Weimar (1604–1639) erzwingt die Kapitulation von Regensburg.

17. November Kaiser Ferdinand II. erlässt eine Verordnung, die Bürgern und Bauern das Tragen von Schusswaffen verbietet.

15. Dezember Kaiser Ferdinand II. erteilt Wallenstein, der sich in Pilsen aufhält, den Befehl, sofort gegen Herzog Bernhard von Sachsen-Weimar ins Feld zu ziehen. Wallenstein lehnt diesen Winterfeldzug ab und lässt sich diese Entscheidung von seinen Offizieren bestätigen.

18. Dezember Herzog Maximilian I. von Bayern fordert eine Änderung des Oberbefehls im kaiserlichen Heer.

1634 13. Jänner Im so genannten „ersten Pilsener Schluss" geben 49 Offiziere des kaiserlichen Heeres eine Treueerklärung gegenüber Wallenstein ab.

24. Jänner Ein kaiserliches Geheimpatent enthebt die kaiserlichen Offiziere des Gehorsams gegenüber Wallenstein.

18. Februar Kaiser Ferdinand II. gibt an vertrauenswürdige Offiziere das so genannte Proskriptionspatent gegen Wallenstein aus. Darin wird Wallenstein als Hochverräter bezeichnet.

20. Februar Den „zweiten Pilsener Schluss" unterzeichnen nur mehr 32 Offiziere.

22. Februar Das Patent zur Absetzung Wallensteins wird öffentlich kundgemacht.
25. Februar Wallenstein wird im Rathaus von Eger von Hauptmann Walter Deveroux ermordet, nachdem zuvor Wallensteingetreue, wie Wilhelm Graf Kinsky (* 1574) und Adam Erdmann Graf Trčka (* 1599) von kaiserlichen Offizieren bestialisch ermordet worden sind. Den Oberbefehl über das kaiserliche Heer übernimmt Erzherzog Ferdinand, der Sohn des Kaisers.
22. Juli Erzherzog Ferdinand erobert Regensburg zurück.
5./6. September In der Schlacht bei Nördlingen werden die vereinigten schwedischen und sächsischen Truppen von Erzherzog Ferdinand und General Matthias Gallas (1584–1647) vernichtend geschlagen.
24. November Kaiser Ferdinand II. schließt in Pirna mit dem Kurfürsten von Sachsen einen Vorfrieden.
1635 19. Mai Frankreich übermittelt Spanien eine Kriegserklärung und tritt damit offiziell in den Dreißigjährigen Krieg ein. Für Frankreich geht es nicht um konfessionelle Fragen, sondern um die Bekämpfung der Vormachtstellung der Habsburger in Europa.
30. Mai Kaiser Ferdinand II. schließt mit Kurfürst Johann Georg von Sachsen den Sonderfrieden von Prag. Sachsen muss sich von Schweden lossagen, es erhält dafür die Ober- und Niederlausitz. Diesem Frieden traten bis 1637 fast alle Reichsstände außer Baden, Hessen-Kassel und Württemberg bei. Mit Schweden und mit Frankreich ging der Krieg weiter.
1636 Erstes Halbjahr Umherstreifende Soldaten verwüsten die Länder, Seuchen und Hungersnot verschlimmern die Lage der Bevölkerung.
4. Oktober Ein kaiserlich-sächsisches Heer unter dem Kommando von General Melchior Graf Hatzfeld (1593–1658) wird bei Wittstock von den Schweden unter dem Kommando von General Johan Banér (1596–1641) und General Lennart Torstenson (1603–1651) geschlagen. Hatzfeld erleidet schwere Verluste an Mannschaft und Gerät.

22. Dezember Erzherzog Ferdinand, ältester Sohn des Kaisers, wird zum römischen Kaiser gewählt.

1637 15. Februar Ferdinand III. tritt nach dem Tod seines Vaters die Nachfolge sowohl in den Erbländern als auch im Reich an.

1638 3. März Herzog Bernhard von Sachsen-Weimar, in französischen Diensten stehend, besiegt ein kaiserliches Heer bei Rheinfelden. Der kaiserliche General Johann Graf Werth (1591–1652) gerät in Gefangenschaft.

22. März Rheinfelden muss kapitulieren, damit ist der Weg für das Heer des Herzogs von Sachsen-Weimar nach Osten frei.

7. Juni General Octavio Piccolomini (1599–1656) erringt bei Diedenhofen einen Sieg über die Franzosen.

3. Dezember Herzog Bernhard von Sachsen-Weimar erobert nach mehrmonatiger Belagerung die Festung Breisach.

1640 23. September Der Reichstag in Regensburg beginnt zu tagen. Es herrscht allgemeines Bemühen, den Prager Frieden auf alle Streitparteien auszudehnen. Vergeblich fordern die Stände die Umwandlung des kaiserlichen Heeres in ein ständisches Reichsheer.

1641 21. Jänner Der schwedische General Johan Banér zieht von Regenstauf über die zugefrorene Donau Richtung Regensburg, kaiserliche Truppen können seine Attacke auf den Reichstag abwehren.

24. Juli Friedrich Wilhelm I. Kurfürst von Brandenburg (1620–1688) schließt mit den Schweden einen Waffenstillstand.

1642 17. Jänner Französische Truppen siegen bei Kempen über kaiserliche Truppen.

Ende Oktober General Torstenson beginnt mit der Belagerung von Leipzig.

2. November Neuerlich erleiden die Kaiserlichen, die unter dem Kommando von Erzherzog Leopold Wilhelm (1614–1662), einem Bruder von Kaiser Ferdinand III., und Octavio Piccolomini stehen, eine Niederlage.

1643 Frühjahr Schwedische Truppen besetzen Mähren und Schlesien.

22. März General Matthias Gallas wird Oberbefehlshaber der kaiserlichen Truppen.

16. November Fürst Georg I. Rákóczi verbündet sich im Vertrag von Weißenburg mit Frankreich und Schweden.

1644 17. Februar Fürst Georg I. Rákóczi ruft zum Kampf für die Freiheit Ungarns auf. Ende Februar erobert er Kaschau, wird aber wieder von kaiserlichen Truppen zurückgedrängt.

1645 24. Jänner General Lennart Torstenson rückt mit seiner Armee, von Sachsen kommend, in Böhmen ein.

6. März Die kaiserliche Armee unter General Hatzfeld unterliegt in der Schlacht bei Jankau in Mähren den Schweden.

24. März Eine schwedische Einheit überschreitet die Donau und erreicht Stift Göttweig.

30. März Fast alle wichtigen Orte des Waldviertels sind bereits von den Schweden erobert.

31. März Schwedische Truppen besetzen Krems.

7. April General Lennart Torstenson ermuntert in einem Schreiben den siebenbürgischen Fürsten Georg I. Rákóczi in den Krieg einzugreifen und schlägt einen gemeinsamen Donauübergang bei Pressburg vor.

10. April Die Schweden besetzen die so genannte Wolfsschanze in der Brigittenau, heute 20. Wiener Gemeindebezirk.

14. April General Torstenson zieht von Stammersdorf Richtung Mistelbach nach Norden, da Rákóczi nicht geantwortet hat und der Schwede Wien nicht allein angreifen will.

27. April Nach Eroberung weiterer Orte im nördlichen Niederösterreich marschiert Torstenson gegen Brünn. Am 4. Mai beginnt er mit der Belagerung der Stadt.

29. Mai Kaiserliche Truppen unter dem Kommando von Erzherzog Leopold Wilhelm erobern die Wolfsschanze zurück.

Ende Juni Truppen des siebenbürgischen Fürsten Georg I. Rákóczi marschieren durch Mähren nach Brünn.

15. August Die belagerte Stadt Brünn kann einen Sturmangriff der Schweden abwehren.

22. August Im Lager des Fürsten Georg I. Rákóczi in Lampersdorf bei Lundenburg wird ein Präliminarfrieden unterzeichnet.

Anfang Oktober General Torstenson zieht Richtung Norden mit seiner Armee in Winterquartiere im Raum Jaroměřice ab.

16. Oktober Kaiser Ferdinand III. stattet seinen Obersthofmeister Maximilian Graf Trauttmansdorff (1584–1650) mit Geheiminstruktionen und weitgehenden Vollmachten für die bevorstehenden Friedensgespräche in Münster in Westfalen aus.

1. Dezember Graf Trauttmansdorff führt in Münster erste Gespräche mit dem spanischen Bevollmächtigten.

13. Dezember In Linz schließt Kaiser Ferdinand III. mit Fürst Georg I. Rákóczi Frieden, der Siebenbürger verpflichtet sich, das Bündnis mit Schweden und Frankreich aufzukündigen. Dafür erhält er ungarische Gebiete, den Protestanten wird Religionsfreiheit gewährt und sie erhalten ihre Kirchen zurück.

15. Dezember General Lennart Torstenson legt das Kommando über die schwedischen Truppen aus Gesundheitsgründen zurück, sein Nachfolger wird General Carl Gustav Wrangel (1613–1676).

1646 Februar Vereinigte bayerische und kaiserliche Truppen vertreiben die Schweden aus Böhmen.

März Feldmarschall Hanns Christoph Reichsgraf Puchheim (1605–1657) beginnt mit der Belagerung der von den Schweden besetzten Stadt Krems. Die schwedische Besatzung muss am 5. Mai kapitulieren.

5. August Der älteste Sohn von Kaiser Ferdinand III., Erzherzog Ferdinand (IV., 1633–1654), wird zum König von Böhmen gekrönt.

10. August Französische Truppen unter Marschall Henri de Turenne (1611–1675) und schwedische Einheiten unter General Wrangel vereinigen sich im Raum um Gießen. Sie besetzen große Teile Bayerns und stoßen bis Vorarlberg vor.

September Niederösterreich ist inzwischen von schwedischen Truppen gesäubert.

1647 4. Jänner General Carl Gustav Wrangel erobert Bregenz, wo er riesige Beute macht, da zahlreiche Schätze nach dem angeblich sicheren Bregenz verbracht worden sind. Die Angaben schwanken zwischen sechs und zehn Millionen Gulden.

14. März Herzog Maximilian I. von Bayern schließt in Ulm einen Waffenstillstand mit Schweden und Frankreich.

Anfang Juni Der kaiserliche Feldmarschall Adrian Graf Enckevoert († 1664) nimmt Bregenz wieder ein und lässt die Befestigungswerke wieder herstellen.

3. Juni Erzherzog Ferdinand (IV.) wird zum König von Ungarn gewählt und am 10. Juni gekrönt.

1648 Frühjahr General Turenne und General Wrangel vereinigen wieder ihre beiden Streitmächte.

17. Mai In der Schlacht bei Zusmarshausen bei Augsburg erleiden die kaiserlichen und bayerischen Truppen eine verheerende Niederlage. Kommandant General Peter Reichsgraf Holzappel (1585–1648) fällt, Herzog Maximilian I. von Bayern flieht nach Salzburg. Die siegreichen Truppen verwüsten fast ganz Bayern.

26. Juli Ein schwedisches Heer unter Feldmarschall Hans Christoph Graf Königsmarck (1600–1663) erobert die Prager Kleine Seite. Der Rest Prags leistet Widerstand bis zum Abschluss des Westfälischen Friedens.

6. August Kaiser Ferdinand III. und seine Verbündeten schließen in Münster mit König Ludwig XIV. von Frankreich (1638–1715) und seinen Alliierten Frieden. Frankreich erhält Teile Vorderösterreichs, nämlich das Elsass, den Sundgau, Breisach und Besatzungsrecht in Philippsburg.

11. Oktober Nach dem Tod seines Vaters folgt Fürst Georg II. Rákóczi (1621–1660) als siebenbürgischer Landesherr.

14. Oktober In Osnabrück schließen Kaiser Ferdinand III. und seine Verbündeten mit Königin Christine von Schweden (1626–1689) und deren Verbündeten Frieden. Schweden geht als der große Gewinner aus dem Krieg hervor, es behält die eroberten Gebiete in Vorpommern mit Stettin, Wismar, Bremen und Werden. Damit erhält es Sitz und Stimme im Reichstag.

24. Oktober Sowohl in Münster als auch in Osnabrück erfolgt die Unterzeichnung des „Westfälischen Friedens", der die staatsrechtliche Gestalt Deutschlands für etwa 150 Jahre bestimmt.

1649 4. Juni Mit dem Vertrag von Feldkirch verkauft Erzherzog Ferdinand Karl von Tirol (1628–1662) seine Rechte an den schweizerischen Gerichten Davos, Klosters, Castels, Schiers-Seewis und Churwalden. Am 25. Juli bestätigt Kaiser Ferdinand III. diesen Vertrag.

1653 Mai Auf dem Kurfürstentag in Augsburg wird Erzherzog Ferdinand (IV.) zum römischen König gewählt.

Ende Juni Auf dem Reichstag zu Regensburg versucht Kaiser Ferdinand III. vergeblich das Reichsheer zu stärken. Erfolgreich ist der Kaiser bei der Etablierung einer neuen Ordnung für das Reichskammergericht. Außerdem erhält die Pfalz die achte Kurwürde. Fünf der Kurfürsten sind katholisch, drei protestantisch. Grundsätzlich setzen sich die Regionalinteressen gegen die Zentralinteressen durch. Dadurch wird die Macht des Kaisers de facto geringer, was eine Sonderentwicklung Österreichs fördert.

1654 17. Mai Kaiser Ferdinand III. schließt den Reichstag in Regensburg, der in dieser Form nicht mehr zusammentritt.

9. Juli In Wien stirbt König Ferdinand IV. an den Blattern, die Erbfolge geht damit auf seinen jüngeren Bruder Erzherzog Leopold (1640–1705) über, der ursprünglich für den geistlichen Stand erzogen wurde.

1655 Sommer Im Schwedisch-Polnischen Krieg ergreift Kaiser Ferdinand III. Partei für Polen, während Fürst Georg II. Rákóczi die Schweden unterstützt, die Polen eher aufteilen wollen.

27. Juni Erzherzog Leopold wird zum König von Ungarn gewählt und gekrönt.

3. November In der Innsbrucker Hofkirche tritt Königin Christine von Schweden, die ihre Krone zurückgelegt hat, zum katholischen Glauben über. Sie lebt in Zukunft in Rom.

1656 August In Kärnten beginnen kaiserliche Truppen zu meutern, da sie nicht als Hilfskorps für Spanien in Oberitalien eingesetzt werden wollen. Die Meuterei wird erst im September beigelegt, als die Truppen nicht nach Italien instradiert werden.

14. September Erzherzog Leopold wird zum König von Böhmen gewählt und gekrönt.

1657 2. April Nach dem Tod seines Vaters Ferdinand III. tritt Leopold I. die Nachfolge in den Erbländern an.

Juli Fürst Georg II. Rákóczi wird von den Habsburgern gezwungen Frieden mit Polen zu schließen. Dies empört die Osmanen, Großwesir Mehmed Köprülü (um 1583–1661) setzt ihn gewaltsam ab und ersetzt ihn durch seinen Günstling Ákos Barcsai (1610–1661).

1658 18. Juli Erzherzog Leopold, König von Böhmen und Ungarn, wird nach langen Verhandlungen zum römischen Kaiser gewählt. Der französische Leitende Minister Kardinal Jules Mazarin (1602–1661) wollte grundsätzlich die Wahl eines Habsburgers verhindern, Leopold I. musste sich in einer Wahlkapitulation verpflichten, nicht in den französisch-spanischen Konflikt einzugreifen.

15. August Deutsche Fürsten – in erster Linie solche, die mit ihrem Territorium an Frankreich grenzen – schließen einen auf zehn Jahre befristeten Rheinbundvertrag, dem sich auch Frankreich anschließt und den es fördert, gegen die Habsburger. Man will eine Revision des Westfälischen Friedens unter allen Umständen verhindern. Der Vertrag wird nach zehn Jahren nicht verlängert.

1661 März Nach dem Tod von Fürst Georg II. Rákóczi wählen die Stände Siebenbürgens Johann Kemény (1607–1662) zum Fürsten. Kemény lässt Ákos Barcsai ermorden und schlägt sich auf die Seite der Österreicher. Daraufhin setzen die Osmanen Mihail Apáfi zum Fürsten ein.

1663 20. Jänner Der Reichstag von Regensburg geht ohne formellen Beschluss auseinander. Er wird als „immerwährender Reichstag" zu einer ständigen Einrichtung. Die Reichsstände schicken Bevollmächtigte.

April Die Osmanen erklären Kaiser Leopold I. den Krieg, da er Mihail Apáfi nicht als Fürsten von Siebenbürgen anerkennen will.

Sommer Unter der Führung von Großwesir Ahmed Köprülü (1635–1676) zieht ein osmanisches Heer in der Stärke von 100.000 Mann gegen Ungarn und Mähren. Kaiser Leopold I. kann ihm nicht mehr als 12.000 Mann entgegen setzen; die Hilfe aus dem Reich kommt nur zögerlich.

27. September Ahmed Köprülü erobert die Festung Neuhäusel und besetzt Oberungarn.

1664 21. Jänner Trotz der Warnung des kaiserlichen Generals Raimund Montecuccoli (1609–1680) wagt der Banus von Kroatien Miklós Zrinyi (1620–1664), der Urenkel des Verteidigers der Festung Szigetvár im Jahre 1566 und bekannter ungarischer Dichter, einen Winterfeldzug gegen die eindringenden Türken. Er verliert dabei seine eigene Burg Serinvár.

Februar Der Reichstag beschließt, ein Heer gegen die Türken aufzustellen.

2. Mai Nach längerer Belagerung erobert Feldzeugmeister Ludwig Graf de Souches (1608–1682) Neutra (= heute Nyitra in der Slowakei) von den Türken.

14. Mai Großwesir Ahmed Köprülü überschreitet mit einer Streitmacht zwischen 40.000 und 70.000 Mann die Drau bei Esseg.

5. Juni Feldmarschallleutnant Raimund Montecuccoli wird zum Kommandeur des gesamten in Ungarn stehenden Heeres ernannt.

19. Juli Feldzeugmeister Graf de Souches erringt bei Szent Benedek einen wichtigen Erfolg gegen die herannahenden Türken.

1. August In der Schlacht bei Mogersdorf an der Raab wird die osmanische Streitmacht von dem mit den Reichstruppen vereinten kaiserlichen Heer unter dem Kommando Montecuccolis trotz zahlenmäßiger Unterlegenheit klar geschlagen. Die Reichstruppen werden von Leopold Wilhelm Markgraf von Baden (1626–1671) kommandiert, das französische Hilfskontingent in der Stärke von mehr als 5.000 Mann befehligt

General Jean de Coligny (1617–1686). Die Osmanen haben schwere Verluste, vor allem in den Reihen der Janitscharen, zu beklagen.

10. August Kaiser Leopold I. schließt – etwas übereilt – den Frieden von Vasvár mit dem Osmanischen Reich. Der Kaiser anerkennt Mihail Apáfi als Fürsten von Siebenbürgen und erklärt sich zur Zahlung eines „Ehrengeschenks" in der Höhe von 100.000 Talern an den Sultan bereit. Dieser ungünstige, für 20 Jahre geschlossene, Friede wird von den Ständen Ungarns heftig kritisiert.

1665 25. Juni Mit dem Tod von Erzherzog Sigmund Franz (* 1630) erlischt im Mannesstamm die Tiroler Linie der Habsburger.

1666 In Ungarn entsteht die Magnatenverschwörung aus der Unzufriedenheit mit dem Friedensschluss von Vasvár bzw. wegen der Behinderung der Protestanten bei ihrer Religionsausübung.

12. Dezember Kaiser Leopold I. heiratet die Infantin Margarita Maria Teresa (1651–1673), eine Tochter des spanischen Königs Philipp IV. (1605–1665).

1668 Kaiser Leopold I. schließt mit König Ludwig XIV. von Frankreich einen Geheimvertrag, der für Frankreich die spanischen Niederlande sichert. Damit verzichtet Leopold I. für seine spanische Frau.

23. Februar Im erst kürzlich fertig gestellten Trakt der Wiener Hofburg bricht ein schwerer Brand aus. Der Kaiser, seine Familie und die wertvollsten Güter können gerettet werden, das Gebäude brennt jedoch bis auf die Grundmauern nieder.

1670 14. Februar Kaiser Leopold I. erlässt – möglicherweise unter dem Einfluss seiner spanischen Ehefrau – einen Befehl, dass bis zum Fronleichnamstag alle Juden die Stadt zu verlassen hätten.

24. Juli Kaiser Leopold I. übergibt die ehemalige Judenstadt im Unteren Werd der Wiener Stadtverwaltung, dieser Stadtteil wird nun in „Leopoldstadt" umbenannt. Im August wird anstelle der ehemaligen Synagoge der Grundstein für die Kirche zum Hl. Leopold errichtet.

1671 Der Aufstand der ungarischen Magnaten hat sich auf Kroatien und die Steiermark ausgebreitet, er richtete sich gegen die zentralistischen und gegenreformatorischen Maßnahmen der Regierung Leopolds I.

April Durch Verrat werden die führenden Mitglieder der Magnatenverschwörung verhaftet, es wird behauptete, dass sie den Kaiser töten wollten. Es sind dies Franz Graf Nádasdy (* 1622), Franz Markgraf Frangipani, der Banus von Kroatien Peter Graf Zrinyi (* 1621) und der Statthalter der Steiermark Erasmus Graf Tattenbach (* 1631).

30. April Graf Nádasdy wird in der Wiener Bürgerstube, Franz Markgraf Frangipani und Peter Graf Zrinyi werden im Zeughaus von Wr. Neustadt enthauptet.

1. November Neuerlich schließt Kaiser Leopold I. mit dem französischen König Ludwig XIV. einen Geheimvertrag, der ihn zur Neutralität Frankreich gegenüber verpflichtet.

1. Dezember In Graz wird Erasmus Graf Tattenbach hingerichtet.

1672 23. Juni Kaiser Leopold I. schließt mit Kurfürst Friedrich Wilhelm von Brandenburg einen Allianzvertrag; Frankreich hatte in Kleve die Achtung der Reichsinteressen verletzt.

25. Juli Kaiser Leopold I. schließt mit den Generalstaaten einen Allianzvertrag gegen Frankreich. Feldmarschallleutnant Raimund Montecuccoli wird in den Westen Deutschlands abkommandiert, greift aber auf Wunsch des Kaisers nicht in direkte militärische Auseinandersetzungen ein.

1673 21.Juni Kurfürst Friedrich Wilhelm von Brandenburg schließt mit Frankreich einen Sonderfrieden, da er sowohl von Schweden als auch von Braunschweig bedroht wird.

Sommer Dem kaiserlichen Bündnis gegen Frankreich schließen sich noch Spanien, Dänemark, Lothringen, Kursachsen und Trier an.

Oktober Raimund Graf Montecuccoli drängt mit seiner Armee die Franzosen auf das linke Rheinufer zurück und vereinigt sich mit den spanisch-holländischen Truppen.

18. November Anna Gräfin Frangipani, Schwester von Markgraf Franz, wird wegen Mittäterschaft und Mitwisserschaft bei der Magnatenverschwörung hingerichtet.

1674 Da sich Raimund Graf Montecuccoli aus Altersgründen zurückzieht und kein geeigneter Heerführer vorhanden ist, neigt sich das Kriegsglück den Franzosen zu.

1676 Frühjahr In Nimwegen kommt es zu einem Friedenskongress, den Frankreich mit separaten Friedensschlüssen mit den einzelnen Mächten beendet.

1677 26. April Kaiser Leopold I. gründet in Innsbruck eine Universität.

28. April Abraham a Santa Clara (1644–1709) wird Hofprediger in Wien.

1679 Jänner Wien wird von einer Pestepidemie heimgesucht.

5. Februar Kaiser Leopold I. schließt in Nimwegen Frieden mit Frankreich: Frankreich behält Eroberungen wie Freiburg im Breisgau.

Dezember Erst mit dem Einsetzen der Winterkälte erlischt in Wien die Pestepidemie.

1681 Frühjahr Kaiser Leopold I. beruft einen allgemeinen ungarischen Reichstag nach Sopron ein.

22. Mai Kaiser Leopold I. trifft mit drei Regimentern Garde in Sopron ein. Am nächsten Tag wird der Reichstag eröffnet, die Magnaten huldigen dem Kaiser, dieser muss viele gegenreformatorische Maßnahmen zurücknehmen.

9. November Mit königlicher Entschließung wird die alte ungarische Verfassung wiederhergestellt, die Selbstständigkeit der Hofkammer in Pressburg und Religionsfreiheit garantiert.

1682 10. Juni Mit der Laxenburger Allianz tritt Kaiser Leopold I. der Frankfurter Allianz mehrerer Reichsstände bei. Diese Allianz sieht ein stehendes Heer von 30.000 Mann, im Rheingebiet stationiert, vor, das eindeutig gegen französische „Reunionsbestrebungen“, d. h. gegen französische Rückforderung von Gebieten, die je zu Frankreich gehörten, gerichtet ist.

1683 1. Jänner Der Heereslieferant Samuel Oppenheimer (1630–1703) wird wegen Übervorteilung der Staatskasse verhaftet.

Nachdem er sich verpflichtet hat, das Entsatzheer für Wien zu versorgen, wird er wieder freigelassen. Er liefert vor allem Handgranaten und Pulver, außerdem Getreide und sonstigen Proviant für die Truppe.

26. Jänner Kaiser Leopold I. schließt mit Kurfürst Max II. Emanuel von Bayern (1662–1726) ein Defensivbündnis gegen Frankreich und das Osmanische Reich.

31. März Über Vermittlung von Papst Innozenz XI. (1611–1689) schließt Kaiser Leopold I. einen Beistandspakt mit dem polnischen König Johann III. Sobieski (1629–1696).
Sultan Mehmed IV. (1642–1693) beauftragt Großwesir Kara Mustafa (1626?–1683) mit einem Feldzug gegen Wien. Dieser bricht mit einem Heer von 100.000 Mann von Adrianopel auf.

Mai/Juni Herzog Karl V. von Lothringen (1643–1690) bekämpft in Ungarn die Anhänger des türkenfreundlichen Magnaten Imre Tököly (1657–1705).

3. Mai Die osmanische Streitmacht trifft in Belgrad ein, unterwegs schließen sich noch weitere Einheiten an. Als Vorhut und, um die Bevölkerung in Angst und Schrecken zu versetzen, sind tatarische Reitereinheiten unterwegs.

7. Mai Nahe Pressburg hält Kaiser Leopold I. mit Kurfürst Max II. Emanuel von Bayern Heerschau über die zur Verfügung stehenden Truppen. Kaum mehr als 30.000 Mann stehen unter dem Oberbefehl von Herzog Karl V. von Lothringen.

1. Juli Die Osmanen überschreiten die Raab und ziehen sofort nach Wien weiter.

6. Juli Bei einem Gefecht mit Tataren zwischen den Ortschaften Regelsbrunn und Petronell wird eine Einheit von Savoyerdragonern, die unter dem Kommando von Prinz Ludwig Julius von Savoyen-Carignan (1660–1683) stehen, aufgerieben. Der Kommandant, der ältere Bruder von Prinz Eugen von Savoyen-Carignan (1663–1736), wird schwer verwundet und stirbt wenige Tage später.

7. Juli Kaiser Leopold I. ernennt Ernst Rüdiger Graf Starhemberg (1638–1701) zum Verteidiger der Stadt Wien.

Am Abend verlässt Kaiser Leopold I. mit seiner Familie und einem langen Zug Flüchtlinge die Stadt.

11. Juli Hainburg, östlich von Wien, wird nach einem Tag Belagerung von den Türken eingenommen. Sie richten ein Blutbad unter der Bevölkerung an, wer nicht getötet wird, wird in die Sklaverei verkauft.

13. Juli 6000 Mann Infanterie treffen zur Verstärkung in Wien ein. Insgesamt verfügen die Verteidiger über etwa 15.000 Mann.

Kara Mehmed Pascha und der Tatarenkhan Murad Ghiraj beginnen mit der Belagerung von Wr. Neustadt.

14. Juli Das osmanische Heer trifft vor Wien ein und beginnt die Stadt einzuschließen. Herzog Karl V. von Lothringen zieht sich mit seinem Heer auf das linke Donauufer zurück.

15. Juli Ein Sipahi (= Reiter) begibt sich vor die Stadt und fordert sie auf, sich zu ergeben, den Islam anzunehmen und Tribut zu leisten. Da dies abgelehnt wird, beginnt die Kanonade, allerdings nur mit kleinen Geschützen, die den Geschützen der Verteidiger unterlegen sind.

16. Juli Die Stadt ist inzwischen völlig eingeschlossen. Inzwischen plündern und brandschatzen tatarische Horden die Umgebung Wiens.

23. Juli Erster Sturm der Türken auf die Burgbastei.

29. Juli Die Kaiserlichen vertreiben ungarische Einheiten des Imre Tököly aus der Stadt Pressburg.

2. August Die Türken beginnen durch Sprengung von Minen, die sie unter den Befestigungen gegraben haben, die Stadt sturmreif zu machen.

3. August Osmanische Truppen setzen sich im Burggraben fest, werden aber wieder zurückgeworfen.

13. August Georg Franz Koltschitzky (1640–1694) unternimmt seinen ersten Kundschaftergang aus der Stadt. Er bringt die Nachricht, dass ein Entsatzheer unterwegs ist.

31. August Polnische Truppen, unter dem Kommando von König Johann III. Sobieski, überschreiten bei Dürnholz die

mährisch-österreichische Grenze. Bei Oberhollabrunn trifft er mit Herzog Karl V. von Lothringen zusammen.

3. September Die Belagerer erobern den Burgravelin.

4. September Die Osmanen unternehmen einen Sturmangriff auf die Burgbastei, die Verteidiger haben schwere Verluste. In der Stadt ist die Lage verzweifelt: Es herrscht Mangel an Verpflegung, zahlreiche Gefallene sind zu beklagen; außerdem ist die Rote Ruhr ausgebrochen, an der täglich etwa 40 Menschen sterben.

7. September Das gesamte christliche Entsatzheer ist im Raum Tulln konzentriert.

8. September Vor Abmarsch der Truppen erteilt ihnen der Kapuzinerpater Marco d'Aviano (1631–1699) nach einer Predigt, die er möglicherweise in Latein oder Italienisch hält, denn des Deutschen ist er nicht mächtig, den päpstlichen Segen.

9. September Der Wiener Bürgermeister Andreas Liebenberg (* 1627) stirbt an der Roten Ruhr.

11. September Das Entsatzheer erreicht die Anhöhen des Wienerwaldes.

12. September Von den Höhen des Wienerwaldes rücken die Truppen des Entsatzheeres vor, wobei die Reiter Sobieskis sich durch unwegsames Gelände vorkämpfen müssen. Um 5.00 Uhr früh wird das Feuer eröffnet. Nach und nach werden die Türken zurückgedrängt, am frühen Nachmittag erfolgt der türkische Rückzugbefehl, der in eine regellose Flucht unter Zurücklassung des gesamten Lagers mündet. Spezielle Truppen des Entsatzheeres sichern die Beute, eine generelle Verfolgung der Türken unterbleibt.

13. September König Johann III. Sobieski und Kurfürst Max Emanuel von Bayern ziehen durch das Schottentor in Wien ein.

14. September Kaiser Leopold I. kehrt auf der Donau von Krems nach Wien zurück. Er zieht durch das Stubentor in Wien ein und nimmt an einem feierlichen Te deum im Stephansdom teil.

15. September Bei Schwechat östlich von Wien treffen Kaiser Leopold I. und König Johann III. Sobieski zusammen. Leopold ist etwas verstimmt, weil der polnische König, ohne auf ihn zu warten, in die befreite Stadt eingezogen ist. An das Treffen erinnert noch heute ein Gedenkstein.

18. September Herzog Karl V. von Lothringen und Johann III. Sobieski machen sich mit ihren Truppen an die Verfolgung der Türken.

9. Oktober Der Polenkönig und der Lothringer erringen vor dem Fort von Párkány einen Sieg über türkische Einheiten.

25. Oktober Die Stadt Gran fällt in die Hände der Kaiserlichen.

Anfang November König Johann III. Sobieski zieht mit seinen Truppen nach Oberungarn und in der Folge heim nach Polen.

14. Dezember Prinz Eugen von Savoyen erhält von Kaiser Leopold I. ein Kommando über ein Dragonerregiment.

25. Dezember Wegen des Misserfolgs vor Wien wird Kara Mustafa in Belgrad auf Befehl des Sultans erdrosselt.

1684 Philipp Wilhelm von Hörnigk (1640–1714) veröffentlicht sein wirtschaftswissenschaftliches Werk „Österreich über alles, wann es nur will", es ist die erste nationalökonomische Darstellung über Österreich.

Ende Februar Die ungarischen Magnaten huldigen in Pressburg Kaiser Leopold I.

5. März Kaiser Leopold I., Papst Innozenz XI. und Venedig schließen eine Heilige Liga gegen die Osmanen. Diesem Bündnis schließen sich auch die aufständischen Ungarn an.

27. Juni Die kaiserlichen Truppen unter Herzog Karl V. von Lothringen erringen bei Vác, nördlich von Budapest, einen Sieg über die Türken, die Stadt Vác wird eingenommen.

30. Juni Die Kaiserlichen erobern Pest am linken Donauufer.

14. Juli Das kaiserliche Heer beginnt Ofen zu belagern, das von einer 10.000 Mann starken osmanischen Besatzung verteidigt wird.

22. Juli Kaiserliche Truppen schlagen unweit von Ofen ein türkisches Entsatzheer für Ofen in die Flucht.

1. August Der Salzburger Erzbischof Max Gandolf Graf Kuenburg (1622–1687) verfügt die Vertreibung der im Defereggental ansässigen Protestanten.

15. August In Regensburg schließen Kaiser Leopold I. und der französische König Ludwig XIV. einen Waffenstillstand. Leopold I. muss den Franzosen nachgeben, weil er intensiv mit dem Türkenkrieg beschäftigt ist.

8. September Kurfürst Max Emanuel von Bayern verstärkt mit seinen Truppen die Belagerungsarmee vor Ofen.

2. November Die Belagerung Ofens muss ergebnislos abgebrochen werden. Die Truppen ziehen ins Winterquartier.

1685 17. Jänner Johannes Diodato (um 1640–1725) eröffnet in der Rotenturmstraße das nachweislich erste Wiener Kaffeehaus.

16. August Bei Gran in Ungarn erringen die kaiserlichen Truppen einen Sieg über die Osmanen; in dieser Schlacht zeichnet sich Prinz Eugen von Savoyen besonders aus und wird von Kaiser Leopold I. zum Generalfeldwachtmeister ernannt.

19. August Kaiserliche Truppen unter dem Kommando von Enea Silvio Graf Caprara (1631–1701) erobern die Festung Neuhäusel.

19. September Eperjes in Oberungarn ergibt sich den Kaiserlichen.

25. Oktober Graf Caprara erobert Kaschau in Oberungarn.

1686 In Wien werden vier „Feuerknechte" angestellt, mit ihnen beginnt in der Stadt die Berufsfeuerwehr.

22. März Kurfürst Friedrich Wilhelm von Brandenburg und Kaiser Leopold I. schließen nach langen Verhandlungen ein gegen Frankreich gerichtetes gegenseitiges Hilfeabkommen.

21. Juni Ein Heer aus kaiserlichen und bayerischen Truppen beginnt mit der Belagerung von Ofen.

28. Juni Im Namen von Fürst Mihail Apáfi schließt sein Unterhändler Johannes Haller in Wien ein nach Haller benanntes Abkommen, demzufolge sich Siebenbürgen den kaiserlichen Gebieten anschließt, aber die Religionsausübung frei bleibt. In Siebenbürgen dürfen keine Winterquartiere angelegt werden und die Rechte des Fürsten müssen gewahrt bleiben.

9. Juli In der Augsburger Allianz bekräftigen Kaiser Leopold I., Max Emanuel von Bayern, König Karl II. von Spanien (1661–1700) und Karl XI. von Schweden (1655–1697) ihre Bereitschaft, die Friedensschlüsse von Westfalen, Nimwegen und Regensburg als bindend zu erachten.

2. September Die Truppen von Herzog Karl V. von Lothringen und von Max Emanuel von Bayern erobern die Festung Ofen.

19. Oktober Eine kaiserliche Armee besiegt ein überlegenes osmanisches Heer bei Szegedin und bezieht an der Theiß Winterquartiere.

1687 12. August Herzog Karl V. von Lothringen und Max Emanuel von Bayern erringen bei Harsány, nahe Mohács, einen glänzenden Sieg über die Türken.

27. Oktober Im Vertrag von Blasendorf anerkennt Kaiser Leopold I. die fürstliche Würde des Mihail Apáfi von Siebenbürgen.

30. Oktober Der ungarische Reichstag beginnt seine Tagung in Pressburg. Dieser ändert die ungarische Verfassung dahingehend, dass die ungarische Krone im Mannesstamm erblich bei den Habsburgern bleibt.

9. Dezember Erzherzog Joseph (1678–1711), der älteste Sohn von Kaiser Leopold I., wird auf dem Pressburger Reichstag zum ungarischen König gekrönt.

1688 9. Mai Am Landtag in Hermannstadt unterstellen sich die Siebenbürger Stände Kaiser Leopold I.

Anfang August Ein kaiserliches Heer unter dem Kommando von Max Emanuel von Bayern belagert das seit 1521 von den Osmanen besetzte Belgrad.

6. September Belgrad wird von den kaiserlichen und bayerischen Truppen erobert, wobei sich Prinz Eugen von Savoyen und Ernst Rüdiger Graf Starhemberg besonders auszeichnen.

1689 24. September Ludwig Wilhelm Markgraf von Baden (1655–1707) besiegt die Osmanen in der Schlacht bei Niš.

November Es gelingt dem neuen osmanischen Großwesir Mustafa Köprülü (1637–1691), die kaiserlichen Truppen zurückzudrängen. Sultan Suleyman II. (1637–1691) hatte inzwischen sein Bündnis mit Frankreich erneuert.

22. Dezember Die Stadt Innsbruck wird von einem Erdbeben erschüttert, das zahlreiche Gebäudeschäden verursacht.

1690 24. Jänner Erzherzog Joseph wird auf einem Kurfürstentag in Augsburg zum römischen König gewählt.

10. April Nach dem Tod von Mihail Apáfi setzen die Türken Imre Graf Tököly, einen Gegner der Habsburger, als Fürsten von Siebenbürgen ein.

Sommer Der siebenbürgische Landtag anerkennt Tököly.

8. Oktober Der osmanische Großwesir Mustafa Köprülü erobert Belgrad zurück.

1691 19. August In der Schlacht bei Szlankamen an der Theißmündung erringt Ludwig Wilhelm von Baden einen wichtigen Sieg über die Osmanen, Großwesir Köprülü fällt in der Schlacht. Die Osmanen erleiden schwere Verluste an Mannschaft und Material, doch die Truppen des Markgrafen von Baden reichen nicht aus, um eine Verfolgung der Türken aufzunehmen.

4. Dezember Kaiser Leopold I. erlässt eine neue Verfassung für Siebenbürgen, das „Diploma Leopoldianum", in der alle religiösen Bekenntnisse anerkannt werden.

1693 Kaiser Leopold I. lässt in der Wiener Alservorstadt ein „Großes Armenhaus" errichten, dem in der Folge die Steuer auf Lohnwagen als Subvention zugeteilt wird. Er will damit das Bettlerwesen eindämmen und eine Bleibe für die Invaliden der Türkenkriege schaffen.

1695 Sommer Osmanische Truppen fügen den schwachen Kaiserlichen bei Lugos eine schwere Niederlage zu; sie müssen aus Serbien abziehen.

1696 März Mihail II. Apáfi (1676–1713) verzichtet zu Gunsten von Kaiser Leopold I. auf die Fürstenwürde von Siebenbürgen.

1697 2. Juni Friedrich August I. Kurfürst von Sachsen (1670–1733) tritt in Baden bei Wien zum katholischen Glauben über, um Ansprüche auf die polnische Königswürde, die Katholiken vorbehalten ist, geltend machen zu können.

5. Juli Kaiser Leopold I. ernennt Prinz Eugen von Savoyen zum Oberbefehlshaber der kaiserlichen Truppen im Kampf gegen die Osmanen.

Anfang September Sultan Mustafa II. (1664–1703) zieht mit einer Streitmacht gegen Szegedin.

11. September Bei Zenta südlich von Szegedin schlägt Prinz Eugen von Savoyen ein türkisches Heer vernichtend. Angeblich gelingt es nur 2000 Türken, über die rettende Theiß zu fliehen. 25.000 sollen gefallen sein. Damit ist der Krieg gegen die Osmanen, wenn Prinz Eugen auch wegen der späten Jahreszeit und Nachschubschwierigkeiten die Verfolgung nicht aufnehmen kann, entschieden.

1698 26. Juni Der russische Zar Peter I. (1672–1725), der sich auf einer Rundreise durch Europa befindet, trifft in Wien ein. Er führt mehrere Gespräche mit Kaiser Leopold I.

15. Juli Kaiser Leopold I. erteilt Wien ein „Burgfriedensprivileg", wobei die Burgfriedensrechte auch auf Teile der Vorstädte ausgedehnt werden.

1699 26. Jänner Der Friede von Karlowitz beendet den seit 1683 andauernden Türkenkrieg. Die Osmanen müssen auf Ungarn und Siebenbürgen verzichten. Venedig, Österreichs Verbündeter, erhält Teile Dalmatiens und der Herzegovina und Morea.

3. September Die Stände Vorarlbergs beschließen eine neue Landwehrordnung. Die Kerntruppe soll 3000 Mann umfassen.

1700 3. Oktober Der kränkliche spanische König Karl II. verfasst ein Testament, mit dem er Philipp von Anjou (1683–1746), einen Enkel des französischen Königs Ludwig XIV., als Erben für das gesamte Territorium der spanischen Krone, das außer dem Mutterland noch Neapel, Sizilien, Mailand, die spanischen Niederlande und das Kolonialreich umfasst, einsetzt.

16. November Kaiser Leopold I. schließt mit Kurfürst Friedrich III. von Brandenburg (1657–1713) einen Vertrag, in dem der Kurfürst dem Kaiser Waffenhilfe gegen die Franzosen zusagt. Dafür erhält er den Königstitel, ab 18. Jänner 1701 ist er Friedrich I. in Preußen.

1701 26. Mai Da Kaiser Leopold I. nach dem Tod des spanischen Königs Karl II. Mailand als heimgefallenes Reichslehen betrachtet, entsendet er Prinz Eugen von Savoyen mit einer Armee über die noch winterlichen Alpen. Prinz Eugen löst diese Aufgabe bravourös.

9. Juli In der Schlacht bei Carpi besiegt Prinz Eugen von Savoyen die zahlenmäßig überlegenen französischen Truppen und zwingt sie zum Rückzug. Diese waren in Oberitalien einmarschiert, um dieses für Philipp von Anjou zu sichern.

1. September Neuerlicher Sieg Prinz Eugens über eine spanisch-französische Armee bei Chiari.

7. September Österreich, England und das unabhängige Holland schließen die Haager Allianz gegen Frankreich, um dessen Vormachtstellung in Europa durch die spanische Erbfolge zu durchbrechen. Bis 1703 schließen sich dieser Allianz Preußen, Braunschweig, Hessen-Kassel und mehrere Reichskreise an.

1702 15. August Prinz Eugen von Savoyen, die die Belagerung von Mantua aufgegeben hat, besiegt die vereinten Franzosen und Spanier mit großer Mühe bei Luzzara. Infolge von Nachschubproblemen kann er kaum die Stellung am unteren Po halten.

28. September Das Reich erklärt Frankreich den Krieg, nur Max Emanuel von Bayern und der Kurfürst von Köln stehen auf Seite Frankreichs.

19. Dezember Französische Einheiten zu Schiff greifen Riva am Gardasee an, werden aber zurückgeworfen.

1703 7. Jänner Prinz Eugen von Savoyen überträgt den Oberbefehl in Oberitalien an Guido Graf Starhemberg (1657–1737), da er selbst in Wien eine Reform des Hofkriegsrates durchsetzen will. Er erreicht eine Absetzung des bisherigen Präsidenten des Hofkriegsrates und übernimmt selbst dieses Amt.

April Die Franzosen eröffnen eine neue Front am Rhein, wobei es den französischen Truppen gelingt, sich mit den Einheiten von Max Emanuel von Bayern zu vereinigen. Gemeinsam wenden sie sich gegen Tirol.

Juni In Ungarn beginnt unter Franz II. Rákóczi (1676–1735) ein Aufstand gegen den habsburgischen Kaiser Leopold I. wegen der Unterdrückung der Protestanten.

20. Juni Bayerische Truppen erobern die Festung Kufstein.

1. Juli Ein Tiroler Aufgebot unter dem Landrichter Martin Sterzinger schlägt eine bayerische Einheit bei Landeck.

2. Juli Bayerische Truppen ziehen in Innsbruck ein, was in Tirol zu einer Volkserhebung führt. Die Besetzung des Landes durch die Bayern wird verhindert.

8. August In Wien erscheint die erste Nummer des „Wiennerischen Diariums", zunächst zweimal wöchentlich, ab den Franzosenkriegen täglich. Später wird daraus die „Wiener Zeitung", die mit einer kurzen Unterbrechung in der NS-Zeit noch heute erscheint und damit weltweit die älteste noch bestehende Tageszeitung ist.

21. August Als Herzog Max Emanuel Tirol verlässt und nach Bayern zieht, wird er vom Tiroler Landsturm verfolgt. Dieser verheert Südbayern und dringt fast bis München vor.

12. September Kaiser Leopold I. verzichtet im „Pactum mutuae successionis" (Pakt der wechselseitigen Nachfolge) für sich und seinen Sohn Joseph (I.) zu Gunsten seines Sohnes Karl (VI., 1685–1740) auf den spanischen Thron. Dieser Vertrag enthält auch eine Klausel, dass im Falle des Aussterbens der Habsburger im Mannesstamm die Erbfolge auf die Töchter übergehen kann.

21. September Die ungarischen Aufständischen erobern die von Michael Csáky verteidigte Burg Zips.

November Österreichische Truppen erobern das von den Aufständischen besetzte Schemnitz.

1704 1. Jänner Die aufständischen Ungarn erobern Tokay.

9. Jänner Bayerische Truppen fallen in Oberösterreich ein.

16. Jänner Kaiser Leopold I. verfügt auf Anraten Prinz Eugens die Anlage des Linienwalls rund um die Wiener Vorstädte zu deren Schutz.

Frühsommer Englische Truppen unter Herzog John Churchill von Marlborough (1650–1722) vereinigen sich bei Ulm mit dem Reichsheer unter dem Kommando von Ludwig Wilhelm Markgraf von Baden.

2. Juli In der Schlacht am Schellenberg bei Donauwörth werden die Bayern von den verbündeten Truppen geschlagen.

6. Juli Nach der Wahl von Franz II. Rákóczi zum Fürsten von Siebenbürgen nimmt der Aufstand der Ungarn an Intensität zu.

13. August Prinz Eugen von Savoyen und John Churchill Herzog von Marlborough erringen nach Vereinigung ihrer Truppen einen entscheidenden Sieg über die Bayern und Franzosen bei Höchstädt; die unterlegenen Bayern und Franzosen haben schwere Verluste zu beklagen, auch ihre Kriegskasse ging verloren. Da Bayern ein Friedensangebot ablehnt, kommt das Kurfürstentum unter österreichische Verwaltung.

13. September Kaiserliche Truppen erobern Ulm, das sie seit dem 21. August belagerten.

7. November Im Vertrag von Ilbesheim gelobt Kurfürstin Theresia Kunigunde von Bayern (1676–1730) die Übergabe und Entwaffnung Bayerns.

26. Dezember Österreichische Truppen unter General Sigbert Graf Heister (1646–1718) besiegen die ungarischen Aufständischen.

1705 5. Februar Nach der Brandschatzung von Rohrau, Fischamend und Schwechat dringen die aufständischen Ungarn, auch Kuruzen genannt, bis vor Wien vor. Sie werden von den Truppen Heisters vertrieben.

5. Mai Nach dem Tod von Kaiser Leopold I. tritt sein Sohn Joseph I. die Nachfolge an.

11. November Nach einem Sieg am Zsibópass über die Kuruzen beginnen die kaiserlichen Truppen mit der Rückeroberung Siebenbürgens.

19. Dezember Österreichische Truppen besetzen München.

25. Dezember Österreichische Truppen schlagen einen bayerischen Aufstand gegen die österreichische Besetzung Bayerns blutig nieder.

1706 1. Jänner Die Kuruzen belagern das von nur 400 Mann verteidigte Sopron.

23. Mai In der Schlacht bei Ramillies in Belgien siegt John Churchill Herzog von Marlborough über die französisch-bayerischen Truppen und gewinnt damit die habsburgischen Niederlande zurück.

2. September Prinz Eugen von Savoyen vereinigt seine Armee südlich von Turin mit den piemontesischen Einheiten.

7. September Prinz Eugen besiegt in der Schlacht bei Turin die Franzosen, die sich unter Zurücklassung der gesamten Ausrüstung nach Frankreich zurückziehen.

17. September Einheiten der Kuruzen unter dem Kommando von Franz II. Rákóczi erobern Gran.

9. Oktober Österreichische Truppen unter Guido Graf Starhemberg erobern Gran zurück.

1707 12. März Prinz Eugen von Savoyen erobert das seit einem Monat belagerte Mailand.

13. März König Ludwig XIV. schließt mit Kaiser Joseph I. einen Räumungsvertrag bezüglich Mailand. Die französischen Truppen erhalten freien Abzug, der französische König tritt Mailand an den Kaiser ab.

14. März Kaiser Joseph I. unterzeichnet das Gründungspatent für das „Versatz- und Frag-Ambt" in Wien. Es soll eine Pfandleihe für die ärmeren Bevölkerungsschichten sein. Das in Kürze höchst erfolgreiche Versatzamt übersiedelt 1788 in das aufgelassene Dorotheerkloster und heißt seitdem Dorotheum.

21. Juni Auf einer Versammlung der aufständischen Stände Ungarns und Siebenbürgens in Ónod sprechen diese Kaiser Joseph I. die ungarische Krone ab.

12. Juli Die drei Kastelle von Neapel ergeben sich den österreichischen Truppen, die von General Wirich Graf Daun (1669–1741) befehligt werden.

21. August Prinz Eugen von Savoyen bricht die Belagerung von Toulon erfolglos ab.

1. September Kaiser Joseph I. und der schwedische König Karl XII. (1682–1718) schließen die Konvention von Altran-

städten, in der Schweden gegen religiöse Konzessionen in Schlesien Nichteinmischung in den Spanischen Erbfolgekrieg zusichert.

30. September Österreichische Truppen unter General Wirich Graf Daun erobern die Festung Gaeta.

1708 28. Februar Die Kuruzen versuchen vergeblich, Mattersburg im Burgenland zu besetzen.

5. Juli Die aufständischen Ungarn erobern Schloss Theben.

11. Juli Prinz Eugen und der Herzog von Marlborough besiegen gemeinsam in der Schlacht bei Oudenaarde an der Schelde ein französisches Heer unter Marschall Louis Joseph Herzog von Vendôme (1654–1718).

4. August Die österreichischen Truppen unter General Heister besiegen in der Schlacht bei Trenčin in der Slowakei die Aufständischen, ganz Oberungarn ist damit zurück gewonnen.

9. Oktober General Heister belagert vergeblich das von den Aufständischen besetzte Neuhäusel.

9. Dezember Prinz Eugen von Savoyen erobert die Zitadelle von Lille, die er seit dem 25. Oktober belagerte.

1709 2. Jänner Die verbündeten Truppen unter dem Kommando des Herzogs von Marlborough erobern Brügge.

7. September Truppen von General Heister erobern Veszprém.

11. September Die Franzosen, befehligt von Marschall Claude-Louis-Hector de Villars (1653–1734), erleiden bei Malplaquet, nordöstlich von Cambrai, eine schwere Niederlage.

1710 22. Jänner Nur 1400 Mann österreichischer Kavallerie unter General Graf Sickingen besiegen bei Romháy eine mehrfache Übermacht unter Fürst Franz II. Rákóczi.

10. Dezember Die verbündeten Truppen unter Guido Graf Starhemberg erzielen bei Villaviciosa einen entscheidenden Sieg über eine spanische Truppe, die von General Vendôme befehligt wird.

1711 17. April Kaiser Joseph I. stirbt überraschend an den schwarzen Blattern. Daher fällt das Erbe an seinen Bruder Karl (VI.), der sich noch in Spanien aufhält. Bis zum Eintreffen Karls führt seine Mutter Eleonore von Pfalz Neuburg (1655–1720), die dritte Gattin Kaiser Leopolds I., mit kaiserlichen Räten die Regierungsgeschäfte.

26. April Österreichische Truppen erobern Kaschau.

29. April Österreich und die Stände Ungarns und Siebenbürgens schließen in Szatmár Frieden. Die Verhandlungen, die noch zu Lebzeiten von Kaiser Joseph I. begonnen hatten, führt für Österreich Johann IV. Graf Pálffy (1683–1750). Wenn Franz II. Rákóczi einen Treueeid leistete, würde er auch seine Besitzungen zurück erhalten, doch er zieht es vor, zuerst nach Polen und dann nach Frankreich zu flüchten. Er wird damit zur Symbolgestalt des ungarischen Widerstandes (Rákóczi-Marsch).

21. Juli In Wien wird aus türkischen Kanonen eine neue Glocke für den Stephansdom gegossen. Der Volksmund nennt diese 22 Tonnen schwere Glocke bald „Pummerin".

Oktober Österreichs Verbündete im Spanischen Erbfolgekrieg beginnen Friedensgespräche mit Frankreich. In England ist eine neue Regierung an die Macht gekommen, die den Herzog von Marlborough entmachtete, außerdem hat sich durch die Thronansprüche von Karl (VI.) die Situation entscheidend geändert.

12. Oktober Karl, Bruder von Joseph I., wird als Karl VI. zum römischen Kaiser gewählt.

1712 26. Jänner Kaiser Karl VI. trifft in Wien ein und übernimmt die Regierungsgeschäfte.

22. Mai Kaiser Karl VI. wird zum König von Ungarn gekrönt.

1713 Jahresanfang Durch eine aus Ungarn kommende junge Frau wird die Pest nach Wien eingeschleppt. In den Monaten Juli bis September erreicht die Epidemie ihren Höhepunkt. Innerhalb eines Jahres fordert die Seuche mehr als 8000 Todesopfer allein in Wien.

11. April Mit dem Abschluss des Friedens von Utrecht zwischen England und Frankreich, dem weitere zehn bilaterale Verträge folgen, geht der Spanische Erbfolgekrieg zum größten Teil zu Ende.

19. April Kaiser Karl VI. erlässt die „Pragmatische Sanktion", die das „Pactum mutuae successionis" außer Kraft setzt. Dieser Vertrag, in den wichtigsten Teilen von Hofkanzler Johann Friedrich Reichsgraf Seilern (1645–1715) konzipiert, schreibt die Unteilbarkeit der habsburgischen Länder fest. Außerdem sieht er eine Erbfolge im Falle des Aussterbens des Mannesstammes für die Töchter Karls VI. vor den Töchtern Josephs I. vor. Zwischen 1720 und 1723 stimmen die Stände in den Kronländern zu.

1714 6. März Kaiser Karl VI. schließt in Rastatt Frieden mit Frankreich, das Vertragswerk wird von Prinz Eugen von Savoyen und dem französischen Marschall Villars ausgehandelt. Österreich erhält Alt-Breisach, Freiburg im Breisgau und die Festung Kehl, die spanischen Niederlande und Sardinien, außerdem die spanischen Besitzungen in Italien, nämlich Neapel, Mailand und Mantua. Frankreich behält die Festung Landau. Der Kurfürst von Bayern und der Kurfürst von Köln erhalten ihre Besitzungen zurück.

7. September Mit dem Frieden von Baden (bei Zürich) bestätigt das Reich die Friedensbedingungen von Rastatt.

1715 In Friesach in Kärnten wütet die Pest, fast die Hälfte der Einwohner wird dahingerafft.

13. Juni Franzosen und Spanier erobern die Insel Mallorca, die nur von 1000 Österreichern verteidigt wird.

Sommer Nachdem die Osmanen Morea und weitere venezianische Festungen erobert haben, wendet sich die Republik um Hilfe an Österreich.

1716 April Kaiser Karl VI. schließt mit Venedig ein Bündnis gegen die Osmanen, von denen er die Einhaltung des Karlowitzer Friedens einfordert.

2. August Ungarische Kavallerie unter General Johann IV. Graf Pálffy unterliegt bei Karlowitz einer osmanischen Übermacht.

5. August Prinz Eugen von Savoyen besiegt in der Schlacht bei Peterwardein eine türkische Armee unter Großwesir Silahtar Ali Pascha, der in der Schlacht fällt. Angeblich verloren die Osmanen 30.000 Mann.

13. Oktober Prinz Eugen von Savoyen erobert Temesvár, das er seit Ende August belagert hat.

1717 19. Juni Prinz Eugen, der südöstlich von Belgrad mit seinen Truppen die Donau überschritten hat, belagert Belgrad. Er lässt einen Schanzring um die Stadt in der Länge von fast 16 km errichten. Damit schneidet er die Osmanen von der Versorgung zu Wasser ab.

Anfang August Ein türkisches Entsatzheer in der Stärke von 200.000 Mann trifft vor Belgrad ein.

16./17. August Durch persönlichen Einsatz gelingt es Prinz Eugen, das türkische Heer in die Flucht zu schlagen.

22. August Prinz Eugen erobert Stadt und Festung Belgrad, worauf die Osmanen mit Friedensverhandlungen beginnen.

1718 27. Mai Der Porzellanerzeuger Claudius Innozenz du Paquier (um1679–1751) erhält ein kaiserliches Privileg zur Erzeugung von Porzellan. Der erste Brennofen steht in der Roßau, heute 9. Wiener Bezirk.

21. Juli Österreich und die Türkei schließen, unter Vermittlung von England und Holland, in Passarowitz Frieden. Österreich erhält Teile der Walachei, das Banat, Teile Serbiens mit Belgrad, sowie Teile Bosniens. Die Türken verpflichten sich zur Toleranz den ihnen untertanen Christen gegenüber. Österreich schließt außerdem mit dem Osmanischen Reich einen Handelsvertrag.

2. August In London schließen England, Frankreich und Österreich eine Allianz zur Aufrechterhaltung des europäischen Gleichgewichts.

1719 22. Mai Gründung der „Privilegierten Orientalischen Kompagnie“, die von Kaiser Karl VI. das Privileg erhält, mit dem Osmanischen Reich Handel zu treiben.

18. Oktober In der Auseinandersetzung mit den Spaniern auf Sizilien erobert Feldmarschallleutnant Claudius Florimund Graf Mercy (1666–1734) die Festung Messina.

1720 18. Jänner Friedensschluss von Haag zwischen Spanien und den Verbündeten der Londoner Allianz von 1718. Kaiser Karl VI. anerkennt Philipp von Anjou als Philipp V., König von

Spanien. Spanien räumt Sizilien und Sardinien, Sardinien geht an das Haus Savoyen-Piemont, Sizilien an Österreich. Carlos (Karl III., 1716–1788), Sohn Philipps V., erhält die Anwartschaft auf Parma, Piacenza und die Toskana.

1721 2. Dezember Bei der Aufteilung von Steuerquoten wird der Name Vorarlberg erstmals erwähnt.

1722 1. Juni Mit der päpstlichen Bulle „Suprema dispositione" erhebt Papst Innozenz XIII. (1655–1724) Wien zum Erzbistum. Erster Erzbischof wird Sigismund Graf Kollonitsch (1677–1751).

16. Juni Kaiser Karl VI. übernimmt die Schutzherrschaft über die 1719 gegründete „Ostendische Handelskompagnie". Sie erhält für 30 Jahre ein Handelsprivileg für Ost- und Westindien. Der belgische Hafen Ostende wird zu einem großen Handelsplatz ausgebaut. Der Erfolg dieser Handelsgesellschaft führt bald zu Auseinandersetzungen mit England, Spanien und Holland.

1723 24. Februar Feierlicher Einzug des neuen Erzbischofs von Wien in den Wiener Stephansdom.

Juni Kaiser Karl VI. wird im Prager Veitsdom zum König von Böhmen gekrönt.

6. Dezember Die Pragmatische Sanktion wird nach Anerkennung durch die Stände der österreichischen Erblande zum Grundgesetz erklärt und veröffentlicht.

1725 Die Auswanderung der protestantischen Bewohner („Exulanten") aus dem Osttiroler Defereggental ist abgeschlossen. Die 800 Vertriebenen bekommen infolge einer Intervention der protestantischen Reichsstände einen Teil ihres Vermögens zurück.

18. Jänner Das Viertel unter dem Wienerwald (Niederösterreich) wird vom Bistum Passau abgetrennt und dem Erzbistum Wien einverleibt. Es sind dies Gebiete um Bruck an der Leitha und Baden bei Wien, sowie die Pfarren Hütteldorf, Purkersdorf, Mauerbach, Sievering, Heiligenstadt, Kahlenberg und Klosterneuburg in der Umgebung Wiens.

30. April Kaiser Karl VI. und König Philipp V. von Spanien schließen den Wiener Vertrag: Karl VI. verzichtet endgültig

auf Spanien, der spanische König verzichtet auf die Niederlande, Mailand und Sizilien. Außerdem anerkennt Spanien die Pragmatische Sanktion. In einem Geheimvertrag wird gegenseitige Waffenhilfe im Kriegsfall vereinbart.

1. Mai Zwischen Österreich und Spanien wird ein Handels- und Schifffahrtsvertrag geschlossen.

5. November Im Geheimvertrag von Wien wird das Abkommen vom April bekräftigt.

1726 6. August Zarin Katharina I. von Russland (1684–1727) tritt dem österreichisch-spanischen Bündnis von 1725 bei. Für das Versprechen von Hilfe gegen die Osmanen anerkennt Russland die Pragmatische Sanktion.

12. Oktober Kaiser Karl VI. und König Friedrich Wilhelm I. in Preußen (1688–1740) schließen den Vertrag von Wusterhausen, Preußen schließt sich der russisch-österreichischen Allianz an und anerkennt die Pragmatische Sanktion.

1727 Johann Christoph von Bartenstein (1689–1767) wird Protokollführer der geheimen Staatskonferenz und erlangt aus dieser Position heraus großen Einfluss auf Karl VI.

1729 Leopold Anton Freiherr von Firmian (1679–1744), Erzbischof von Salzburg unterdrückt mit österreichischen Truppen eine Auflehnung der Protestanten.

1731 16. März Kaiser Karl VI. und England schließen unter Vermittlung von Prinz Eugen von Savoyen den Vertrag von Wien, in dem England die Pragmatische Sanktion anerkennt, solange Maria Theresia (1717–1780), Tochter Karls VI., nicht einen europäischen Herrscher heiratet, wodurch das europäische Gleichgewicht gestört wäre.

22. Juni Spanien schließt sich dem Wiener Vertrag an.

Juli Eine Delegation Salzburger Protestanten erhebt vor dem Reichstag in Regensburg Klage gegen ihre Unterdrückung durch den Erzbischof.

31. Oktober Der Salzburger Erzbischof Leopold Anton von Firmian erlässt ein Patent, dass die Protestanten auszuwandern haben. Sie erhalten drei Monate Zeit dafür. Bis Ende März 1732 verlassen mehr als 3000 Menschen das Land. Die Auswanderer

lassen sich in den Reichsstädten Kempten, Memmingen, Ulm und Augsburg nieder, manche in Ostpreußen. Einige ziehen sogar nach Georgia in Amerika.

1732 Jänner Die restlichen Staaten des Reiches anerkennen die Pragmatische Sanktion.

2\. Februar König Friedrich Wilhelm I. in Preußen erlässt ein Einwanderungspatent, das vor allem die Salzburger Protestanten nutzen.

2\. Juli Die letzte Gruppe der Salzburger Protestanten verlässt das Land, insgesamt wurden mehr als 10.500 Menschen vertrieben.

1733 1. Februar Nach dem Tod von August II. von Sachsen-Polen (1670–1733) versucht sein Sohn Friedrich August (III., 1696–1763) seine Anwartschaft auf den polnischen Thron durch eine österreichische Unterstützung zu sichern. Er anerkennt deshalb die Pragmatische Sanktion.

5\. Oktober Der sächsische Kurfürst Friedrich August sichert sich mit Hilfe russischer Truppen den polnischen Thron, er vertreibt den Gegenkandidaten Stanislaus Leszczyński (1677–1766). Da Stanislaus Leszczyński ein Schwiegervater des französischen Königs Ludwig XV. (1710–1774) ist, kann er auf französische Unterstützung rechnen. Frankreich besetzt daher Lothringen, da Herzog Franz Stephan von Lothringen (1708–1765) im Begriff ist, Erzherzogin Maria Theresia von Österreich zu heiraten.

30\. Dezember Vereinigte französische und sardinische Truppen erobern das seit November belagerte Kastell von Mailand.

1734 Mitte Januar Auf dem Regensburger Reichstag wird der Reichskrieg gegen Frankreich beschlossen, wobei die frankreichfreundlichen Kurfürsten von Bayern, Köln und Pfalz dagegen stimmen. Prinz Eugen von Savoyen übernimmt den Oberbefehl über die Truppen.

23\. April Neapels Kastelle fallen den Spaniern in die Hände.

29\. Juni Eine österreichische Armee unter Feldmarschall Mercy unterliegt den Franzosen und Piemontesen in der Schlacht bei Parma; Mercy fällt.

19. Juli Die Franzosen erobern Philippsburg.

1735 26. August Auf dem westlichen Kriegsschauplatz trifft ein russisches Hilfskontingent ein.

3. Oktober In Wien wird der Vorfriede zwischen Österreich und Frankreich geschlossen. Der sächsische Kurfürst wird als Friedrich August III. König von Polen, Stanislaus Leszczyński wird mit Lothringen entschädigt, das nach seinem Tod an Frankreich fällt. Dafür erhalten die Herzöge von Lothringen die Toskana. Österreich tritt Neapel und Sizilien an den spanischen Infanten Don Carlos (Karl III.) ab, es erhält dafür Parma und Piacenza. Frankreich anerkennt die Pragmatische Sanktion.

20. Oktober Bei Klausen nahe der Mosel erzielen österreichische Truppen unter Feldmarschall Friedrich Heinrich Reichsgraf Seckendorf (1673–1763) einen Sieg über ein französisches Heer unter Coligny, nützen den Erfolg aber nicht aus.

1736 12. Februar Erzherzogin Maria Theresia heiratet Herzog Franz Stephan von Lothringen.

21. April In Wien stirbt Prinz Eugen von Savoyen.

18. Mai Der Reichstag in Regensburg spricht den Verzicht auf Lothringen aus.

1737 24. Jänner Kaiser Karl VI. belehnt Franz Stephan von Lothringen mit dem Großherzogtum Toskana.

9. Juli Nach dem Tod des letzten Medicers Gian Gastone (1671–1737) tritt Franz Stephan von Lothringen die Herrschaft in der Toskana an.

18. Juli Eine österreichische Armee unter Feldmarschall Josef Prinz von Sachsen-Hildburghausen (1702–1787) unterliegt im Zuge des Russisch-Österreichischen Türkenkrieges den Osmanen bei Banja Luka.

28. September Feldmarschall Ludwig Andreas Graf Khevenhüller (1683–1744) erringt bei Radojewacz einen Sieg über die Türken.

1738 April – August Kleinere Gefechte österreichischer Truppen mit den Osmanen mit wechselnden Erfolgen.

18. November Gemäß den Vereinbarungen vom 13. Oktober 1735 schließen Österreich und Frankreich den Frieden von Wien.

1739 22. Juli Neuerlich erleiden die Österreicher eine Niederlage nahe Belgrad gegen die Türken, die in der Folge mit der Belagerung Belgrads beginnen.

August Frankreich vermittelt Friedensverhandlungen zwischen Österreich und dem Osmanischen Reich.

18. September Im Frieden von Belgrad einigen sich Österreich und Russland mit der Hohen Pforte. Österreich verzichtet auf die Erwerbungen nach dem Frieden von Passarowitz 1718, es behält nur das Temesvárer Banat.

1740 20. Oktober In Wien stirbt Kaiser Karl VI.; mit ihm stirbt die Familie Habsburg im Mannesstamm aus. Gemäß der Pragmatischen Sanktion übernimmt seine Tochter Maria Theresia die Regierung in den habsburgischen Erblanden.

Das Haus Habsburg-Lothringen

1740-1804

1740 Dezember Gegen die Thronbesteigung von Erzherzogin Maria Theresia protestieren Karl Albrecht Kurfürst von Bayern (1697–1745) – er ist mit der jüngsten Tochter von Kaiser Joseph I., Maria Amalia Josepha (1701–1756) vermählt – und Friedrich August II., Kurfürst von Sachsen (August III. von Polen), weil er ist mit der älteren Tochter Joseph I., Maria Josepha (1699–1757) verheiratet.

16. Dezember König Friedrich II. in Preußen (1712–1786) fällt ohne Kriegserklärung mit einer Armee in Schlesien ein, wo höchstens 8.000 Österreicher stationiert sind. Gleichzeitig verlangen preußische Diplomaten von Maria Theresia die Abtretung Schlesiens, dafür wolle Preußen die Wahl von Franz Stephan von Lothringen zum deutschen Kaiser unterstützen. Maria Theresia lehnt ab.

1741 8. März Die Preußen erobern Großglogau in Schlesien.

10. April In der Schlacht bei Mollwitz siegen die Preußen über die österreichischen Truppen.

18. Mai Nach Eröffnung des ungarischen Reichstages und Bewilligung einiger ungarischer Forderungen, erzielt Maria Theresia eine Einigung mit Ungarn.

27. Mai Die Panduren des Majors Franz Freiherr von der Trenck (1711–1749) paradieren mit einer Militärkapelle vor Maria Theresia.

28. Mai Im Vertrag von Nymphenburg verbündet sich Bayern mit Spanien. Spanien will Bayern beim Erwerb der Kaiserkrone unterstützen, außerdem sollen habsburgische Besitzungen

an Bayern abgetreten werden. Spanien soll im Gegenzug habsburgische Besitzungen in Italien erhalten.

4. Juni Im Vertrag von Breslau verbündet sich König Friedrich II. mit Frankreich gegen Österreich.

25. Juni Maria Theresia wird in Pressburg zum König von Ungarn (rex Hungariae) gekrönt.

31. Juli Bayerische Truppen besetzen Passau.

15. August Ein französisches Heer überschreitet den Rhein und vereinigt sich mit den bayerischen Truppen. Ziel der Streitmacht ist Oberösterreich.

31. August Sachsen tritt an der Seite Frankreichs in den Krieg ein.

11. September In einer Sitzung des ungarischen Reichstages erklären sich die Stände bereit, Erzherzogin Maria Theresia zu unterstützen.

15. September Das bayerisch-französische Heer erobert Linz, danach Wels, Lambach, Ebelsberg und Gmunden.

2. Oktober Die oberösterreichischen Stände huldigen Kurfürst Karl Albrecht von Bayern.

9. Oktober Im Geheimvertrag von Klein-Schnellendorf einigt sich Maria Theresia mit König Friedrich II. Sie tritt Niederschlesien an Preußen ab. Damit bekommt sie die dort operierenden Truppen frei, um gegen die Bayern und Franzosen vorgehen zu können.

14. Oktober Die bayerisch-französischen Einheiten gelangen bis nach St. Pölten.

21. Oktober Die bayerischen Truppen überschreiten bei Krems die Donau und marschieren Richtung Böhmen.

4. November König Friedrich II. in Preußen und Kurfürst Karl Albrecht von Bayern schließen einen Vertrag, in dem der Preußenkönig dem bayerischen Kurfürsten seine Unterstützung bei der Kaiserwahl und bei einer möglichen Erwerbung von Böhmen, Oberösterreich, Niederösterreich und Tirol zusichert. Dafür stimmt Bayern für den Erwerb Schlesiens durch Preußen.

26. November Bayerisch-französische Truppen ziehen in Prag ein.

19. Dezember Karl Albrecht von Bayern wird in Prag zum König ausgerufen.

27. Dezember König Friedrich II. bezieht Winterquartier in Olmütz.

1742 Maria Theresia institutionalisiert die „Geheime Haus-, Hof- und Staatskanzlei" zur Erledigung der auswärtigen Angelegenheiten.

Mitte Januar Truppen von Feldmarschall Ludwig Andreas Graf Khevenhüller schließen Linz ein.

23. Jänner Die bayerisch-französischen Besatzungstruppen von Linz ergeben sich gegen freien Abzug.

24. Jänner Karl Albrecht von Bayern wird in Frankfurt zum Kaiser gewählt.

Anfang Februar Österreichische Truppen unter dem Kommando von Herzog Karl Alexander von Lothringen (1712–1780) beginnen Operationen in Böhmen.

12. Februar Karl Albrecht von Bayern wird als Karl VII. zum Kaiser gekrönt.

16. Februar Maria Theresia schließt mit Karl Emanuel von Sardinien (1701–1773) ein Bündnis, sie verspricht Gebiete um Mailand für Waffenhilfe.

17. Mai König Friedrich II. in Preußen besiegt die österreichischen Truppen bei Chotusitz.

11. Juni Österreich schließt in Breslau einen Vorfrieden mit Preußen. Glatz und Schlesien ohne Teschen, Troppau und Jägerndorf werden an Preußen abgetreten. Preußen garantiert die katholische Religion in Schlesien.

28. Juli Österreich und Preußen schließen den Frieden von Berlin, der die Bedingungen von Breslau wiederholt.

9. September Bei einer Operation der Truppen Khevenhüllers nimmt seine Vorhut unter Franz Freiherr von der Trenck die Stadt Cham ein und plündert sie, was von Maria Theresia schwer gerügt wird.

November Spanien, das zu den Gegnern Österreichs zählt, entsendet 15.000 Mann nach Italien.

28. Dezember Die französische Besatzung von Prag kapituliert.

1743 Ende Jänner König Georg II. von Großbritannien (1683–1760) entsendet ein 16.000 Mann starkes Kontingent nach Holland, das sich mit österreichischen, hessischen und hannoveranischen Truppen vereinigt.

8. Februar In der Schlacht bei Camposanto werden die Spanier von den österreichisch-piemontesischen Truppen besiegt.

12. Mai Maria Theresia wird in Prag zur Königin von Böhmen gekrönt.

27. Juni Die vereinigten englischen und österreichischen Truppen besiegen die Franzosen in der Schlacht bei Dettingen.

7. September Die Franzosen übergeben Eger.

13. September Österreich, Sardinien und England schließen das Wormser Traktat, in dem sie sich auf die Vertreibung der Bourbonen aus Italien einigen.

20. Dezember Österreich und Sachsen schließen ein Bündnis für den Fall, dass Preußen den Frieden von Breslau brechen sollte.

1744 März Frankreich erklärt Österreich und England den Krieg.

22. Mai Frankreich und König Friedrich II. in Preußen schließen auf Drängen von Kaiser Karl VII. die Frankfurter Union.

Juli Herzog Karl Alexander von Lothringen unternimmt einen Versuch, Lothringen von Frankreich zurück zu gewinnen, muss aber infolge Ausbruchs eines neuerlichen Krieges wegen Schlesien den Feldzug abbrechen.

14. August Friedrich II. marschiert neuerlich ohne Kriegserklärung in Böhmen ein.

15. September Friedrich II. zwingt Prag zur Kapitulation.

30. September Preußische Truppen besetzen Budweis.

2. Oktober Österreichische Einheiten unter Karl von Lothringen drängen die preußischen Truppen zurück.

17. Oktober Kaiser Karl VII. zieht wieder in München ein, da die Österreicher wegen des preußischen Einfalls in Böhmen die Stadt räumen mussten.

21. Oktober Die Panduren unter Freiherr von der Trenck erobern Budweis.

26. November Friedrich II. muss Prag räumen und zieht sich nach Schlesien zurück.

1745 8. Jänner Österreich, England, Sachsen und Holland schließen in Warschau eine Quadrupelallianz gegen Preußen.

20. Jänner Kaiser Karl VII. stirbt in München, damit steigt Bayern aus dem Krieg aus.

22. April In Füssen schließen Österreich und Bayern Frieden. Maximilian III. Joseph von Bayern (1727–1777) anerkennt die Pragmatische Sanktion.

11. Mai In der Schlacht bei Fontenoy besiegt ein französisches Heer unter Hermann Moritz Graf von Sachsen (1696–1750) die britisch-österreichische Armee. Die Franzosen erobern große Teile Belgiens, vor allem Brüssel.

5. Juni König Friedrich II. in Preußen besiegt die Österreicher unter Herzog Karl von Lothringen bei Hohenfriedberg.

13. September Großherzog Franz Stephan von Toskana, Gemahl Maria Theresias, wird in Frankfurt zum Kaiser gewählt. Nur Brandenburg und Pfalz stimmen dagegen.

15. September Erzherzogin Maria Theresia reist nach Frankfurt, um an den Krönungsfeierlichkeiten von Franz Stephan teilzunehmen.

25. September Franz I. Stephan wird in Frankfurt zum Kaiser gekrönt. Maria Theresia lehnt eine Krönung für sich selbst ab.

30. September Herzog Karl von Lothringen erleidet bei Soor eine neuerliche Niederlage gegen den Preußenkönig Friedrich II.

15. Dezember In der Schlacht bei Kesselsdorf wird ein sächsisches Kontingent von den Preußen besiegt.

17. Dezember Preußische Truppen nehmen Dresden ein.

25. Dezember Preußen einerseits und Österreich und Sachsen andererseits schließen in Dresden Frieden. Österreich verzichtet erneut auf Schlesien, König Friedrich II. anerkennt Franz I. Stephan als Kaiser und zieht seine Truppen aus Sachsen zu-

rück, das eine Million Reichstaler Kriegsentschädigung zahlen muss.

1746 24. Februar Erzherzogin Maria Theresia gründet die „Theresianische Ritterakademie" und stellt ihr das Lustschloss Favorita (heute im 4. Wiener Gemeindebezirk) zur Verfügung.

27. März Österreichische Truppen erstürmen Guastalla.

7. Juni Österreich und Russland schließen ein Bündnis für den Fall eines preußischen Angriffs.

16. Juni Die Österreicher, kommandiert von Feldzeugmeister Maximilian Ulysses Graf Browne (1705–1757), siegen bei Piacenza über die spanisch-französischen Truppen.

23. August Die Holländer müssen Ostende an die Franzosen übergeben.

5. Dezember In Genua erhebt sich die Bevölkerung gegen die Willkürherrschaft der österreichischen Truppen.

1747 11. April Die Österreicher beginnen mit der Belagerung von Genua, die bis Anfang Juli dauert.

2. Juli Die Franzosen siegen über die holländisch-österreichischen Truppen bei Lawfeld nahe Bergen op Zoom.

1748 30. April Die Österreicher müssen den Franzosen Maastricht übergeben.

3. Mai Ein österreichisch-sardinisches Korps landet auf der Insel Korsika, die Insel wird erst am 17. November wieder geräumt.

18. Oktober Die Streitparteien schließen den Frieden von Aachen: Österreich und Sardinien verzichten auf Parma, Piacenza und Guastalla zu Gunsten des spanischen Infanten Philipp (1720–1765). Frankreich gibt die eroberten österreichischen Niederlande zurück. Schlesien und Glatz bleiben bei Preußen.

1749 15. Jänner Mit Handschreiben verfügt Erzherzogin Maria Theresia eine Reform des Justizwesens und der Verwaltung. Die Pläne dafür stammen von Friedrich Wilhelm Graf Haugwitz (1702–1765). Grundsätzlich beinhaltet die Reform eine Zentralisierung der Verwaltung.

2. Mai Ebenfalls mit Handschreiben Maria Theresias wird aus den österreichischen und den böhmischen Landesteilen ein Einheitsstaat. Außerdem wird das Haus- Hof- und Staatsar-

chiv zur zentralen Erfassung aller, das Herrscherhaus betreffender Dokumente gegründet.

1751 In Österreich wird der Maria Theresien-Taler als Währung eingeführt. Diese Silbermünze bleibt bis 1858 gültig. Noch immer wird der Taler für Sammler geprägt.

1752 26. Februar Maria Theresia genehmigt die Errichtung einer Zahlenlotterie, das alleinige Betreiberrecht erhält der Italiener Ottavio Conte di Cataldi († 1771).

14. Dezember In Wr. Neustadt wird eine Militärakademie zur Offiziersausbildung errichtet. Erster Leiter der Akademie wird Feldzeugmeister Leopold Joseph Graf Daun (1705–1766).

1753 In Lichtenwörth bei Wr. Neustadt wird die Metallwaren- und Messingnadelfabrik, genannt „Nadelburg", gegründet. Zusätzlich wird eine Facharbeitersiedlung und eine Kirche errichtet.

April Wenzel Anton Fürst Kaunitz-Rietberg (1711–1794) wird als Staatskanzler mit der Leitung der auswärtigen Angelegenheiten betraut.

1754 Die erste Volkszählung in Österreich ergibt 6,134.558 Einwohner.

Maria Theresia gründet die „Orientalische Akademie" als Ausbildungsstätte für Verhandlungen mit der „Hohen Pforte". Inzwischen ist die Diplomatische Akademie Ausbildungsort für alle österreichischen Diplomaten.

1756 16. Jänner König Georg II. von Großbritannien und König Friedrich II. schließen die Konvention von Westminster; es ist dies ein Neutralitätsvertrag, der den Einfall fremder Mächte in Deutschland verhindern soll.

1. Mai Auf Initiative von Staatskanzler Kaunitz schließen Österreich und Frankreich den Vertrag von Versailles, der die beiden Mächte zu gegenseitiger Waffenhilfe verpflichtet. Gleichzeitig anerkennt Frankreich die Pragmatische Sanktion.

29. August Preußen überschreitet ohne Kriegserklärung die sächsische Grenze; es löst damit den Siebenjährigen Krieg aus.

9. September König Friedrich II. in Preußen erobert Dresden.

1. Oktober Das von Feldmarschall Maximilian Graf Browne kommandierte österreichische Heer wird bei Lobositz geschlagen.

16. Oktober Das sächsische Pirna kapituliert vor den Preußen, Kurfürst Friedrich August II. (gleichzeitig als August III. König von Polen) flieht nach Polen.

1757 10. Jänner Auf Antrag von Kaiser Franz I. Stephan beschließt der Regensburger Reichstag den Reichskrieg gegen Preußen.

11. Jänner Russland tritt dem Vertrag von Versailles bei.

2. Februar Österreich und Russland schließen ein Angriffsbündnis gegen Preußen.

21. März Schweden schließt sich der antipreußischen Koalition an.

1. Mai Der Vertrag von Versailles mit Frankreich wird zu einem Angriffsbündnis erweitert, Frankreich stellt 15.000 Mann und 12 Millionen Livres zur Verfügung.

6. Mai Friedrich II. besiegt die Österreicher in der Schlacht nahe Prag, er belagert daraufhin die Stadt.

18. Juni Die Österreicher, kommandiert von Feldmarschall Leopold Joseph Graf Daun, erringen bei Kolin, östlich von Prag, einen entscheidenden Sieg über den Preußenkönig Friedrich II., der bisher als unbesiegbar galt. Aus Dankbarkeit für diesen Sieg, den sie den „Geburtstag der Monarchie" nannte, stiftet Maria Theresia den „Militärischen Maria-Theresia-Orden", die höchste militärische Auszeichnung der Monarchie.

20. Juni König Friedrich II. gibt die Belagerung von Prag auf und räumt Böhmen.

28. Juli Oberst Gideon Freiherr von Loudon (1717–1790) schlägt bei Hlinaj, und am nächsten Tag noch bei Nollendorf die preußische Nachhut.

7. September Österreichische Einheiten unter dem Kommando von General Franz Leopold Graf Nádasdy (1708–1783) besiegen ein preußisches Korps im Gefecht bei Moys.

13. September König Friedrich II. in Preußen besetzt Erfurt.

11. Oktober Feldmarschallleutnant Andreas Graf Futak von Hadik marschiert mit 3.500 Mann und vier Geschützen nach Berlin.
16. Oktober Hadik besetzt Berlin, erreicht die Zahlung einer Kriegsentschädigung und zieht sich am nächsten Tag, rechtzeitig vor Herannahen des preußischen Königs, ohne Verluste zurück.
5. November König Friedrich II. in Preußen besiegt bei Rossbach das Reichsheer unter Herzog Joseph Friedrich von Sachsen-Hildburghausen.
14. November Die Besatzung der preußischen Stadt Schweidnitz kapituliert.
22. November Herzog Karl von Lothringen besiegt die Preußen bei Breslau. Die Besatzung der Festung kapituliert zwei Tage später.
5. Dezember In der Schlacht bei Leuthen erringen die Preußen wieder einen großen Sieg, der ihnen die Rückeroberung Schlesiens ermöglicht.
22. Dezember Die österreichische Besatzung von Breslau muss kapitulieren.
1758 5. Mai König Friedrich II. beginnt mit der Belagerung von Olmütz; er bricht diese Anfang Juli ab, da Feldmarschall Leopold Joseph Graf Daun mit einem Heer aus Böhmen heranmarschiert.
25. August In der Schlacht bei Zorndorf (nahe Küstrin) schlägt König Friedrich II. ein russisches Heer und verhindert dessen Vereinigung mit den Truppen Dauns.
14. Oktober Feldmarschall Leopold Joseph Graf Daun besiegt durch einen überraschenden Angriff in den frühen Morgenstunden das preußische Heer bei Hochkirch (bei Bautzen).
1759 9. August Österreichische Truppen und die Reichsarmee beginnen mit der Belagerung Dresdens.
12. August In der Schlacht bei Kunersdorf (östlich von Frankfurt an der Oder) erleidet König Friedrich II. in Preußen nach anfänglichen Erfolgen eine schwere Niederlage. Auf beiden Seiten sind die Verluste hoch. Eine Verfolgung der geschlage-

nen Preußen unterbleibt, weil nach der Erkrankung von Zarin Elisabeth I. die preußenfreundliche Hofpartei die Oberhand gewonnen hat.

4. September Die Österreicher nehmen Dresden, das Reichsheer Leipzig ein.

20. November Feldmarschall Leopold Joseph Daun kreist bei Maxen (nahe Dresden) mit seinen Truppen ein preußisches Korps, das unter dem Kommando von General Friedrich August von der Finck (1718–1766) steht, ein. Finck muss sich ergeben, die Aktion geht als „Finckenfang bei Maxen" in die Geschichte ein.

1760 Jahresanfang König Friedrich II. in Preußen versucht Frieden zu schließen, was von den Verbündeten abgelehnt wird.

23. Juni General Gideon Freiherr von Loudon erstürmt Landshut in Schlesien.

15. August In der Schlacht bei Liegnitz bleibt der Preußenkönig Friedrich II. über eine von Daun und Loudon kommandierte Armee siegreich.

9. Oktober Anlässlich eines konzertierten Angriffs eines österreichischen und eines russischen Korps auf Berlin, wird Berlin zum zweiten Mal in diesem Krieg erobert. Am 12. Oktober ziehen sich die Besatzer wieder zurück.

3. November Die Schlacht bei Torgau an der Elbe bleibt unentschieden, allerdings ziehen sich die Österreicher wegen einer schweren Verwundung von Feldmarschall Daun zurück.

30. Dezember Feldmarschall Leopold Joseph Graf Daun wird zum Staatsminister ernannt.

1761 26. Jänner Die Errichtung eines Staatsrates als beratende Institution wird beschlossen. Diesem gehören außer dem Staatskanzler sechs weitere Mitglieder an.

30. September Österreichische Truppen erobern gemeinsam mit russischen Einheiten Schweidnitz.

29. Dezember Das „Directorium in publicis et cameralibus" wird in die „Vereinigte böhmisch-österreichische Hofkanzlei" umgewandelt; damit werden Innen- und Finanzverwaltung in einem Gremium konzentriert.

1762 5. Mai Nach dem Tod von Zarin Elisabeth I. am 5. Jänner schließt der preußenfreundliche Nachfolger Peter III. (1728–17612) in St. Petersburg mit Preußen einen Sonderfrieden.

15. Juni In Österreich wird auf Grund einer kaiserlichen Verordnung erstmals Papiergeld (eigentlich staatliche Schuldscheine) ausgegeben. Dieses Papiergeld wird „Bancozettel" genannt.

21. Juli Österreichische Truppen unter Feldmarschall Leopold Joseph Daun erleiden bei Burkersdorf eine Niederlage gegen König Friedrich II.

9. Oktober Friedrich II. erobert die Festung Schweidnitz zurück.

29. Oktober Ein preußisches Heer, kommandiert von Prinz Heinrich von Preußen (1726–1802), einem Bruder des Königs, erringt in der Schlacht bei Freiberg einen Sieg über die Österreicher. Es ist die letzte bewaffnete Auseinandersetzung dieses Krieges.

24. November Sachsen vermittelt einen Waffenstillstand zwischen Österreich und Preußen.

1763 15. Februar Der Friedensschluss von Hubertusburg (Schloss bei Leipzig) beendet den Siebenjährigen Krieg. Schlesien geht endgültig für Österreich verloren, Preußen verpflichtet sich, seine Kurstimme bei der Wahl für Erzherzog Joseph (1741–1790) abzugeben. Das sächsische Territorium bleibt unverändert.

1764 27. März Der Sohn von Erzherzogin Maria Theresia und Kaiser Franz I. Stephan, Erzherzog Joseph, wird in Frankfurt zum römischen König gewählt und am 3. April gekrönt.

1765 12. Jänner König Joseph verzichtet zu Gunsten seines Bruders Leopold (1747–1792) auf die Nachfolge im Großherzogtum Toskana.

14. Mai Maria Theresia ordnet eine Zentralisierung der Verwaltung, vor allem im Bereich der Finanzen, an.

4. Juli Die kaiserliche Familie begibt sich nach Innsbruck, um bei der Vermählung von Erzherzog Leopold mit Infantin Maria Ludovica (1745–1792), einer Tochter des spanischen Königs Karl III. (1716–1788), die am 5. August stattfindet, dabei zu sein.

18. August Kaiser Franz I. Stephan erliegt in Innsbruck einem Schlaganfall.

23. September Erzherzogin Maria Theresia erklärt ihren Sohn Joseph zum Mitregenten in den österreichischen Ländern.

1766 1. Jänner Kaiser Joseph II. schafft alle Galatage bei Hofe außer dem Neujahrstag ab. Er schränkt auch die Aufwendungen bei Hof ein.

7. April Kaiser Joseph II. gibt den Prater, bisher kaiserliches Jagdrevier, der Wiener Bevölkerung zur Nutzung frei.

1769 19. August Kaiser Joseph II. zieht mit einem Pflug eine Furche auf dem Acker des Bauern Andreas Trnka. Dieser Pflug wird noch immer in Slawikowcz (Mähren) aufbewahrt.

25. August Kaiser Joseph II. trifft den preußischen König Friedrich II., den er bewundert, in Neiße. Die beiden Monarchen besprechen auch den wachsenden Einfluss Russlands in Osteuropa.

Herbst Österreichische Truppen besetzen die 13 Zipser Städte, eine deutsche Sprachinsel in der Slowakei. Diese Städte waren im Frieden von Lublau von Ungarn an die Polen verpfändet worden. Preußen besetzt im Gegenzug, mit russischem Einverständnis, Westpreußen.

1770 1. Jänner Ein neues Strafrecht, die „Constitutio Criminalis Theresiana", tritt in Kraft.

16. Mai Maria Theresias Tochter, Marie Antoinette (1755–1793), heiratet in Paris den Dauphin Ludwig, später Ludwig XVI. (1754–1793).

3. September Kaiser Joseph II. trifft ein zweites Mal den Preußenkönig Friedrich II. in Mährisch-Neustadt.

1771 Bei St. Stephan in Wien wird eine Musterschule als Probebetrieb für die Allgemeine Volksschule errichtet.

In Österreich und Ungarn wird die erste Volkszählung durchgeführt. Sie ergibt ohne Mailand und Belgien eine Einwohnerzahl von 18,875.099 Bürgern.

1. August Mit kaiserlichem Patent erfolgt die Ausgabe von neuen Bancozetteln.

1772 5. August Im Petersburger Vertrag zwischen Russland und Preußen wird die Erste Teilung Polens besiegelt. Österreich erhält neben den 13 Zipser Städten noch Ostgalizien und Lodomerien. Es ist dies ein Gebietszuwachs von 85.000 km^2 und mehr als zwei Millionen Einwohnern.

1774 September Erzherzogin Maria Theresia verfügt die Einziehung des Vermögens des Jesuitenordens, nachdem dieser am 21. Juli 1773 von Papst Clemens XIV. (1705–1774) aufgehoben worden ist.

6. Dezember Die „Allgemeine Schulordnung für Österreich" wird veröffentlicht. Die Schulreform, die alle Volksschulen zu Staatsschulen macht, geht auf den Augustinerabt Johann Ignaz von Felbiger (1724–1788) zurück. Die Kinder werden in Gruppen in Klassen unterrichtet, Religion ist Pflichtfach.

1775 30. April Kaiser Joseph II. gibt den Augarten (heute 20. Wiener Gemeindebezirk) zur Benützung durch die Bevölkerung frei.

7. Mai Österreichische Truppen besetzen die Bukovina. Dieses Gebiet war vom Osmanischen Reich während des Russisch-Türkischen Krieges (1768–1774) an Österreich, als Entschädigung für Hilfsgelder, abgetreten worden.

1776 2. Jänner In Österreich wird die „Tortur" (Folter) abgeschafft.

1778 Österreich erwirbt die Inselgruppe der Nikobaren im Indischen Ozean; dieser einzige Kolonialbesitz ging 1783/1785 verloren.

3. Jänner Kurfürst Karl Theodor von der Pfalz-Sulzbach (1742–1799), Erbe Bayerns, und Kaiser Joseph II. schließen die Wiener Konvention. Kaiser Joseph II. hat nach dem Tod von Kurfürst Maximilian III. Joseph nicht ganz fundierter Ansprüche auf Bayern erhoben. Der neue Kurfürst tritt Niederbayern, Teile der Oberpfalz und Leuchtenberg an Österreich ab. Nach dem Einmarsch österreichischer Truppen in diese Gebiete legt König Friedrich II. beim Reichstag in Regensburg Protest gegen diese Gebietserweiterung für Österreich ein. Obwohl Maria Theresia für Verhandlungen plädiert, bleibt Joseph II. hart.

Juli Maria Theresia nimmt ohne Wissen ihres Sohnes Verhandlungen mit Friedrich II. auf; es kommt zu keinem Ergebnis.

3. Juli Preußen erklärt Österreich den Krieg. Dieser „Bayerische Erbfolgekrieg" wird wegen seiner geringen militärischen Einsätze, die vor allem der Beschaffung von Fourage dienten, als „Kartoffelkrieg" (Preußen) oder als „Zwetschkenrummel" (Österreich) bezeichnet.

1779 März Nach kleineren Scharmützeln vermittelt Frankreich im preußisch-österreichischen Konflikt einen Waffenstillstand.

13. Mai Der Friede von Teschen beendet den Bayerischen Erbfolgekrieg. Österreich erhält das Innviertel und zieht seine Truppen zurück.

1780 7. Juni Kaiser Joseph II. trifft in Mohilew (nahe der österreichischen Grenze) mit Zarin Katharina II. (1729–1796) zusammen. Er besucht St. Petersburg und erreicht eine Annäherung der beiden Mächte.

29. November In Wien stirbt Erzherzogin Maria Theresia, König von Ungarn und Königin von Böhmen, Joseph II. wird ihr Nachfolger.

1781 11. April Kaiser Joseph II. untersagt den österreichischen Klöstern, mit ihren Ordensoberen in Rom Verbindung aufzunehmen. Außerdem verfügt er, dass päpstliche Schreiben nur mit Genehmigung des Kaisers veröffentlicht werden dürfen.

1. Mai Kaiser Joseph II. erlässt eine allgemeine Gerichtsordnung für die österreichischen und böhmischen Länder.

4. Juni Österreich schließt mit Russland ein Bündnis, damit wird Preußen isoliert.

13. Oktober Kaiser Joseph II. erlässt das „Toleranzedikt", das freie Religionsausübung und gleiche Rechte für alle protestantischen Bekenntnisse und die griechische Gemeinde vorsieht.

1. November Kaiser Joseph II. erlässt das „Untertanenpatent" für die böhmischen Länder, das die Leibeigenschaft aufhebt.

29. November Kaiser Joseph II. kündigt die Aufhebung jener Orden an, die sich nicht der Krankenpflege oder der Jugenderziehung widmen.

1782 12. Jänner In einem kaiserlichen Patent werden jene Orden aufgezählt, die aufgehoben werden. Es sind dies u. a. Klarissinnen, Kartäuser und Karmeliterinnen. Bis 1786 werden mehr als 700 Klöster aufgehoben. Das Vermögen der Klöster fließt in den Religionsfonds, der zur Errichtung neuer Kirchen verwendet wird.

22. März Kaiser Joseph II. empfängt Papst Pius VI. (1717–1799) in Neunkirchen. Der Papst versucht, den Kaiser von seinen kirchlichen Reformplänen abzubringen.

3. April Kaiser Joseph II. erlässt ein „Regierungs-Circular", das das Begraben von Toten in Kirchen und Grüften verbietet. Schon ein Jahr zuvor hat der Kaiser die Verlegung aller Friedhöfe an den Stadtrand verordnet.

22. April Papst Pius VI. verlässt Österreich. Er wird von Kaiser Joseph II. bis Mariazell begleitet. Es gelang ihm nicht, den Kaiser in auch nur einer Frage umzustimmen.

1783 16. Jänner Kaiser Joseph II. erlässt das „Ehepatent", das die Ehe zu einem bürgerlichen Vertrag macht. Die kirchliche Trauung bleibt obligat, eine Scheidung wird möglich.

16. August Kaiser Joseph II. erlässt für Wien eine Magistratsordnung als neue Stadtverfassung. Verwaltung, Finanzgebarung und Gerichtsbarkeit werden getrennt.

1. November Kaiser Joseph II. ordnet an, dass die Vorlesungen an allen höheren Unterrichtsanstalten in deutscher Sprache gehalten werden müssen. Nur in der Theologie gibt es wenige Ausnahmen.

23. November Kaiser Joseph II. reist nach Rom, um Papst Pius VI. einen Gegenbesuch abzustatten.

1784 Die seit 1775 erfolgenden Beobachtungen der Wiener Sternwarte erscheinen nunmehr regelmäßig in der „Wiener Zeitung".

20. Jänner Österreich schließt mit dem Heiligen Stuhl ein Konkordat.

8. Mai Der Staat übernimmt die Verwaltung des Tabakmonopols.

18. Mai Kaiser Joseph II. führt in Ungarn Deutsch als Amtssprache ein. Die Ungarn leisten dagegen Widerstand, weiterhin wird Latein in amtlichen Urkunden verwendet.

16. August In Wien wird durch den Kaiser das Allgemeine Krankenhaus eröffnet. Es ist die modernste Krankenanstalt ihrer Zeit.

27. August Kaiser Joseph II. verbietet die Einfuhr von Fertigfabrikaten und zahlreicher Rohstoffe, bzw. belegt die Einfuhr mit hohen Zöllen.

1785 Jahresanfang Kaiser Joseph II. errichtet, ohne vorherige Zustimmung des Papstes, die Bistümer Linz und St. Pölten. Das Bistum Wr. Neustadt (seit 1476 bestehend) wird aufgelöst.

April Die „Österreichisch-ostindische Handelskompagnie" wird wegen Verschuldung aufgelöst.

7. November In Wien wird die „Medizinisch-Chirurgische Akademie" (Josephinum) eröffnet. Diese Akademie soll die Ausbildung der Militärärzte verbessern. Der Kaiser stiftet eine Sammlung anatomischer Wachspräparate.

11. Dezember Mit kaiserlicher Anordnung werden die acht Wiener Freimaurerlogen zusammengelegt; es sollen nur mehr zwei oder drei bestehen bleiben.

1786 7. Juni Kaiser Joseph II. verlegt die Schulferien von den Monaten September/Oktober auf Juli und August.

1. November Das Allgemeine Bürgerliche Gesetzbuch wird veröffentlicht. Diese Gesetzeskodifizierung wurde schon in der maria-theresianischen Epoche begonnen.

1787 18. Februar Kaiser Joseph II. verordnet, dass Kinder unter neun Jahren nicht zur Fabriksarbeit herangezogen werden sollen. Dieses Gesetz wird mit seinem Tod aufgehoben.

1. Mai Die Josephinische Gerichtsordnung tritt in Kraft, die eine Trennung von Justiz und Verwaltung vorsieht.

Juni In den österreichischen Niederlanden kommt es zu Unruhen wegen der Reformen des Kaisers.

15. August Eine niederländische Delegation spricht bei Joseph II. vor; der Kaiser versteht ihre Anliegen nicht.

10. September Nach Kriegsausbruch zwischen Russland und der Türkei lässt Kaiser Joseph II. die Truppen an der österreichischen Grenze aufmarschieren.

1788 9. Februar Österreich erklärt als Verbündeter Russlands der Türkei den Krieg.

24. April Österreichische Truppen nehmen Schabatz ein.

7. August Osmanische Truppen durchbrechen bei Alt-Orsova die österreichischen Linien und dringen ins Banat vor.

28. August Die Türken schlagen die Österreicher bei Mehadia.

3. Oktober Feldmarschall Gideon Freiherr Loudon erstürmt Novi.

1789 10. Februar Kaiser Joseph II. erlässt ein Steuerdekret, in dem er genaue Steuersätze, basierend auf der Grundgröße, festlegt. Die Zwangsarbeit für den Feudalherrn wird mit diesem Gesetz aufgehoben.

10. Juli Feldmarschall Loudon nimmt Berbir in Kroatien ein.

22. Juli Der Aufruhr in den Niederlanden gegen den Kaiser breitet sich aus.

1. August Die Österreicher unter dem Kommando von Feldzeugmeister Friedrich Josias Prinz von Sachsen-Coburg und Gotha (1737–1815) und die Russen unter Marschall Alexander Suvorov (1729–1800) besiegen gemeinsam die Türken bei Focşani.

15. September Feldmarschall Loudon beginnt mit der Belagerung von Belgrad.

22. September Die abziehenden Türken werden noch einmal bei Martineschti geschlagen.

8. Oktober Feldmarschall Loudon erobert Belgrad. Er gewährt der türkischen Besatzung freien Abzug.

24. Oktober Die Niederländer beginnen einen bewaffneten Aufstand.

13. November Die Aufständischen besetzen die Stadt Gent. Flandern und der Hennegau gehen für Österreich verloren.

18. November Der Statthalter Herzog Albert von Sachsen-Teschen (1738–1822) verlässt die Niederlande.

18. Dezember Kaiser Joseph II. verspricht den Ungarn die Abhaltung eines Landtages.

1790 1. Jänner Die österreichischen Niederlande, Flandern, Brabant und der Hennegau bilden in Brüssel ein Nationalkomitee.

11. Jänner Die Verfassung der „Vereinigten Staaten von Belgien" wird verkündet. Alle kirchlichen Reformen Josephs II. werden rückgängig gemacht.

28. Jänner Kaiser Joseph II. widerruft alle für Ungarn eingeleiteten Reformen. Nur das Toleranzpatent bleibt aufrecht.

30. Jänner Preußen schließt mit dem Osmanischen Reich ein Bündnis gegen Österreich.

18. Februar Kaiser Joseph II. lässt die Stephanskrone, die 1784 nach Wien gebracht worden ist, wieder nach Ofen bringen.

20. Februar Kaiser Joseph II. stirbt in Wien an Lungentuberkulose. Sein Nachfolger wird sein jüngerer Bruder Leopold.

11. März Auf der Reise nach Wien empfängt Großherzog Leopold die steirischen Stände in Bruck an der Mur.

29. März Preußen und Polen schließen eine gegen Österreich gerichtete Defensivallianz.

26. Juni Österreichische Truppen unter Feldzeugmeister François Sébastian Graf Clerfayt (1733–1798) besiegen die Türken bei Kalafat in der Walachei.

21. Juli Großherzog Leopold verzichtet auf die Souveränitätsrechte in der Toskana zu Gunsten seines Sohnes Ferdinand III. (1769–1824).

27. Juli Mit der Konvention von Reichenbach beenden Österreich und Preußen ihre Auseinandersetzungen. Österreich verpflichtet sich, mit den Türken Frieden zu schließen.

30. September Großherzog Leopold wird in Frankfurt einstimmig zum römischen König gewählt.

9. Oktober In Frankfurt findet die Kaiserkrönung Leopolds II. statt.

13. Oktober Kaiser Leopold II. signalisiert den ungarischen Ständen seine Bereitschaft, sich in Pressburg mit der Stephanskrone krönen zu lassen.

7. November Kaiser Leopold II. erlässt für Ungarn ein Religionsedikt, das den Protestanten freie Religionsausübung garantiert.

15. November Die Krönung Leopolds II. zum König von Ungarn findet in Pressburg statt.

2. Dezember Feldmarschall Johann von Bender beendet mit dem Einmarsch in Brüssel den Aufstand in den Niederlanden.

10. Dezember Kaiser Leopold II. schließt in Haag einen Vertrag mit England und Preußen, sowie den Generalstaaten zur Wiederherstellung der Ruhe in den österreichischen Niederlanden.

23. Dezember Siebenbürgen, das seine alte Verfassung zurückerhalten hat, huldigt Kaiser Leopold II.

1791 20. Februar Die Siebenbürgische Hofkanzlei wird wieder errichtet.

13. März Kaiser Leopold II. hält sich am ungarischen Reichstag in Pressburg auf.

15. April Das Einfuhrverbot für raffinierten Zucker wird aufgehoben.

6. Juli Kaiser Leopold II. richtet an die europäischen Souveräne eine Note, sich der monarchischen Interessen in Frankreich anzunehmen. Er ist persönlich durch seine Schwester Marie Antoinette, vermählt mit Ludwig XVI., betroffen.

4. August Österreich und die Türkei schließen den Frieden von Sistowa. Österreich verzichtet auf die eroberten Gebiete.

25. August Auf Schloss Pillnitz an der Elbe nahe Dresden kommen Kaiser Leopold II. und König Friedrich Wilhelm II. von Preußen (1744–1797) zusammen. Thema der Besprechungen sind Maßnahmen zur Stützung der französischen Krone. In einer Konvention erklären sich beide Monarchen bereit, Truppen zur Verfügung zu stellen.

13. Dezember Kaiser Leopold II. erlässt an die niederländischen Aufständischen, die wieder aktiv geworden sind, eine Aufforderung, Ruhe und Ordnung zu wahren.

1792 25. Jänner Die französische Nationalversammlung fordert Kaiser Leopold II. auf, auf jede Intervention zu Gunsten der französischen Monarchie zu verzichten und seine Truppen zu entwaffnen. Im gegenteiligen Fall würde dies als Kriegserklärung aufgefasst.

7. Februar Kaiser Leopold II. schließt mit Preußen ein Schutz- und Trutzbündnis.

1. März Kaiser Leopold II. stirbt völlig unerwartet in Wien an einer Lungenentzündung. Sein Sohn Erzherzog Franz (1768–1835) tritt die Nachfolge an.

20. April Unter dem Druck der Nationalversammlung erklärt der französische König Ludwig XVI. Österreich und Preußen den Krieg.

25. April Erbhuldigung der österreichischen Stände für Erzherzog Franz.

30. April Erstes Gefecht zwischen Österreichern und Franzosen bei Lamain. Die Österreicher sind überlegen.

6. Juni Erzherzog Franz wird in Ofen zum ungarischen König gekrönt.

11. Juni Sieg von Erzherzog Karl (1771–1847) über die Franzosen bei La Grisnelle.

5. Juli König Franz wird in Frankfurt am Main zum römischen Kaiser gewählt.

14. Juli Franz II. wird zum Kaiser gekrönt.

6. August Staatskanzler Wenzel Anton Fürst Kaunitz-Rietberg demissioniert im Alter von 81 Jahren.

9. August Kaiser Franz II. wird in Prag zum König von Böhmen gekrönt.

20. September Die verbündeten Truppen greifen ergebnislos die Festung Valmy an („Kanonade von Valmy“).

6. November Österreichische Truppen unter Herzog Albert von Sachsen-Teschen unterliegen den Franzosen, kommandiert von General Charles François Dumouriez (1739–1823), bei Jemappes. Die Franzosen erobern in der Folge die österreichischen Niederlande und Belgien bis zur Maas.

1793 21. Jänner Der französische König Ludwig XVI. wird in Paris mit der Guillotine hingerichtet.

23. Jänner In der so genannten Zweiten Polnischen Teilung, die im Vertrag von Petersburg vereinbart wird, erhalten sowohl Polen als auch Russland große Gebiete.

18. März In der Schlacht bei Neerwinden (nahe Namur) erringt Feldmarschall Friedrich Josias Prinz von Sachsen-Coburg und Gotha einen Sieg über die Franzosen. Belgien wird rückerobert. General Dumouriez wird seines Kommandos enthoben und läuft zu den Österreichern über.

27. März Johann Franz Freiherr von Thugut (1736–1818) übernimmt die Leitung der auswärtigen Angelegenheiten.

14. September Die Preußen siegen bei Pirmasens über die Franzosen.

18. Oktober Königin Marie Antoinette wird in Paris hingerichtet.

22. Dezember Die französische Armee erzielt bei Reichshofen einen Sieg über die Österreicher.

1794 Jänner In der Koalition kommt es zur Krise, da König Friedrich Wilhelm II. ankündigt, den Großteil seiner Truppen an die Ostgrenze zur Sicherung der neu erworbenen polnischen Gebiete verlegen zu wollen.

19. April Die Engländer verhindern durch Zahlung von Subsidiengeldern das Ausscheren Preußens aus der Koalition.

22. Mai Ein österreichisches Heer schlägt die Franzosen bei Tournai.

26. Juni In der Schlacht bei Fleurus unterliegen die Österreicher den Franzosen, sie müssen Belgien wieder räumen.

Oktober Die Österreicher räumen das linke Rheinufer.

1795 Kaiser Franz II. verbietet die Freimaurerei in den österreichischen Erbländern.

5. April Mit dem Sonderfrieden von Basel, zwischen Frankreich und Preußen, wird die Koalition gegen das revolutionäre Frankreich gesprengt.

17. / 18. Oktober Nachdem die Franzosen an mehreren Stellen den Rhein überschritten haben, werden sie in der Schlacht bei Mannheim von den Österreichern besiegt.

24. Oktober Im Vertrag von Petersburg wird die Dritte Teilung Polens zwischen Russland, Preußen und Österreich verein-

bart. Österreich erhält Westgalizien mit etwa einer Million Einwohnern.

23. November Auf dem neu eröffneten italienischen Kriegsschauplatz besiegen die Franzosen die vereinigten piemontesisch-österreichischen Truppen.

1796 9. Februar Erzherzog Karl übernimmt das Oberkommando über die österreichische Rheinarmee.

27. März General Napoleon Bonaparte (1769–1821) übernimmt das Kommando über die französischen Truppen in Italien.

11. April Erster Sieg Napoleons über die Österreicher bei Montenotto.

10. Mai Weiterer Erfolg über die Österreicher in der Schlacht bei Lodi.

16. Mai General Napoleon Bonaparte zieht in Mailand ein.

14. – 27. Juni Nach der Einnahme von Kehl überschreitet die französische Armee den Rhein.

5. August Die Österreicher werden bei Castiglione geschlagen.

24. August Erzherzog Karl besiegt die Franzosen bei Amberg.

3. September Weiterer Sieg Erzherzog Karls über die Franzosen bei Würzburg. Sie müssen das rechte Rheinufer räumen.

8. September Napoleon besiegt die Österreicher bei Bassano, der Entsatz von Mantua ist damit gescheitert.

17. November Nach Anfangserfolgen unterliegen die Österreicher den Franzosen bei Arcole.

1797 25. Jänner Erzherzog Karl übernimmt den Oberbefehl über die in Italien operierenden österreichischen Truppen.

3. Februar Der österreichische Feldmarschall Dagobert Graf Wurmser (1724–1797) übergibt Stadt und Festung Mantua an die Franzosen.

Ende März General Napoleon Bonaparte erobert Villach und Klagenfurt.

7. April General Napoleon schließt mit Erzherzog Karl den Waffenstillstand von Judenburg.

18. April Präliminarfrieden von Leoben, verhandelt auf Schloss Eckenwalde. Ein sechsmonatiger Waffenstillstand und die

Abtretung der österreichischen Niederlande und Mailands werden vereinbart.

17. Oktober Im Friedensschluss von Campoformido tritt Österreich die Niederlande und die Lombardei an Frankreich ab. Österreich erhält Teile der aufgelösten Republik Venedig, darunter Istrien und Dalmatien.

9. Dezember In Rastatt beginnt ein Friedenskongress zwischen Frankreich und dem Deutschen Reich.

1798 13. April In Wien kommt es vor dem Haus des französischen Gesandten Jean-Baptiste Bernadotte (1763–1844) zum „Fahnenrummel"; die französische Fahne wird heruntergerissen und verbrannt.

1799 1. März Neuerlich überschreiten französische Truppen den Rhein.

12. März Frankreich erklärt Österreich den Krieg.

21. März In Ostrach am Bodensee erringt Erzherzog Karl einen Sieg über die Franzosen.

27. April Neuerlicher Sieg der Österreicher, in Verbindung mit den Russen, über die Franzosen bei Cassano an der Adda.

24. Mai Die Zitadelle von Mailand muss wieder übergeben werden.

17. Juni Die Österreicher und Russen besiegen die Franzosen an der Trebbia.

15. August General Suvorov siegt in der Schlacht bei Novi Ligure. In der Folge überquert er den St. Gotthard, um sich mit den österreichischen Truppen zu vereinigen.

26. und 27. September In der Schlacht bei Zürich schlägt der französische General André Masséna (1785–1817) die russischen Truppen; er drängt sie bis nach Feldkirch zurück.

10. November Nach dem Sturz der Direktorialregierung in Paris wird Napoleon Bonaparte Erster Konsul und damit Alleinherrscher.

1800 Jänner Nach den Niederlagen der Russen erklären diese, sich nicht mehr mit Österreich verbündet zu fühlen.

2. Februar Erzherzog Karl wird als Oberbefehlshaber der österreichischen Truppen entlassen.

15. Mai Napoleon zieht mit einer Armee über den Großen St. Bernhard.

2. Juni Napoleon erobert Mailand.

14. Juni Nachdem sich die Franzosen bei Marengo schon zurückziehen wollten, bringt Napoleon mit seiner Garde die Armee zum Stehen und wendet die Schlacht zu seinen Gunsten.

15. Juni Die Österreicher müssen die Bedingungen des Waffenstillstands von Alessandria annehmen. Sie müssen sich hinter dem Mincio zurückziehen und alle Festungen außer Mantua, Peschiera und Borgoforte den Franzosen übergeben.

9. Juli Die österreichische Westarmee schließt den Waffenstillstand von Parsdorf.

18. September Johann Ludwig Graf Cobenzl (1753–1809) löst Thugut in der Leitung der auswärtigen Angelegenheiten ab.

3. Dezember Der französische General Jean-Victor Moreau (1763–1813) besiegt die mit bayerischen Truppen verstärkten Österreicher bei Hohenlinden.

25. Dezember Österreich und Frankreich schließen in Steyr einen Waffenstillstand auf der Basis des Status quo.

1801 9. Jänner Erzherzog Karl wird Präsident des Hofkriegsrates.

9. Februar Friedensschluss von Lunéville zwischen Österreich und Frankreich auf der Basis des Friedens von Campoformido. Frankreich behält das linke Rheinufer. Österreich anerkennt die von Frankreich errichteten Republiken.

1803 15. Februar Kaiser Franz II. nimmt für seinen Bruder Großherzog Ferdinand III. das Erzbistum Salzburg in Besitz. Es ist ein Ersatz für das Großherzogtum Toskana, auf das Österreich im Frieden von Lunéville verzichten musste.

25. Februar Der Reichsdeputationshauptschluss beschließt die Entschädigung der deutschen Fürsten für die linksrheinischen Gebiete. Voraussetzung ist der Entzug des Territorialbesitzes der Bistümer. Österreich tritt den Breisgau und Ortenau an den Herzog von Modena ab. Es erhält die Bistümer Brixen und Trient. Dadurch wird auch die Macht des Kaisers geschmälert.

24. März Der Regensburger Reichstag anerkennt die Beschlüsse vom 25. Februar.

1804 18. Mai Napoleon Bonaparte wird zum erblichen Kaiser der Franzosen ausgerufen. Am 2. Dezember krönt er sich selbst in Paris in Notre-Dame.

Anhang

Begriffe

Absage oder auch Aufsage: einseitige Kündigung des Lehensverhältnisses

Arianismus: Bei den Goten, Langobarden und Vandalen verbreitete Lehre des Priesters Arius (†336) aus Alexandria; der die Göttlichkeit Jesu bestritt. Der Arianimus wurde auf dem Konzil von Nicäa im Jahr 326 verurteilt, bestand aber noch weit bis ins 6. Jh.

Haiduken: Ungarische Miliz zu Fuß, wurden in den der Krone unterstehenden Distrikten angesiedelt.

Interdikt: Untersagung aller gottesdienstlichen Handlungen als Strafe für Vergehen gegen das Kirchenrecht. Für den Einzelnen bedeutete das den Ausschluss aus der kirchlichen Gemeinschaft und die Verweigerung der Sakramente.

Kanonie: Lebensgemeinschaft von Klerikern.

Kollegiatstift: Gemeinschaft von Weltgeistlichen und Ordenspriestern

Komitat: Ursprüngl. Grafschaft vom lat. comes = der Graf, in Ungarn Verwaltungseinheit.

Kommende: Niederlassungen geistlicher Ritterorden, sie unterstanden einem Komtur. Mehrere Kommenden bilden eine Ballei, eine Ordensprovinz.

Königshufen: Hufe ist eine Bezeichnung für eine bäuerliche Wirtschaftseinheit, die eine Familie ernährt. Die Größe ist teils unterschiedlich, zumeist 30 Morgen Land. Ein Morgen Land ist soviel, wie ein Gespann an einem Morgen pflügen kann.

Landstände: Die durch Geburt (Adel oder Bauern), durch Beruf (etwa Geistlichkeit) oder rechtliche Stellung (Städte) zusammengeschlossene Gruppe einer Region; sie vertraten die Rechte der Region gegenüber dem Landesherrn.

Landtag: Eine seit der Mitte des 15. Jh. übliche Bezeichnung für die Versammlung der Landstände.

Libell: Bezeichnung für eine Urkunde.

Limes: Lateinisches Wort für Grenze bzw. Grenzwall, bezeichnet die Grenzbefestigungen des Römischen Reiches an Donau und Rhein gegenüber den Germanen, ebenso in Britannien (Hadrianswall), systematisch begonnen Ende des 1 Jh. unter Kaiser Domitian. Der Limes bestand aus Erdwällen, Palisadenbefestigungen und in regelmäßigen Abständen errichteten Wachtürmen.

Livres: Französische Währung.

Ministeriale: Ein im Dienste eines Herrschers oder Adeligen stehender Verwaltungsbeamter, der des Schreibens und Lesens kundig sein musste. Letztere Kenntnisse ermöglichten einen gesellschaftlichen Aufstieg.

Niederlagsprivileg: Das ist ein Stapelrecht, d. h. die Stadt kann jeden Kaufmann, der mit Waren nach Wien kommt, zwingen, diese in der Stadt zum Verkauf anzubieten.

Ravelin: Ein der eigentlichen Befestigungsmauer vorgelagertes, mit Kanonen bestücktes Befestigungswerk.

Reichsunmittelbarkeit: Jede natürliche oder juristische Person, die keinem Landesherrn, sondern unmittelbar dem Kaiser untersteht.

Schwertleite: Aufnahme in den Ritterstand.

Suffraganbistum: Einem Erzbistum unterstelltes Bistum.

Vogteirechte: Ein Vogt ist ein herrschaftlicher Beamter, sein Zuständigkeitsbereich ist die Vogtei. Zumeist vertrat er seinen Dienstherren vor Gericht.

Wahlkapitulation: Ein zu Wählender, etwa König oder Kaiser, verpflichtet sich in einem in verschiedene Artikel gefassten Vertrag zu bestimmten Versprechungen seinen Wählern gegenüber.

Woiwoden: In Osteuropa übliche Bezeichnung für Fürsten.

Zehent oder Zehnt: vom Lateinischen decimus, der Zehnte abgeleitet, Abgabe der Laien an die Kirche zur Aufrechterhaltung von Pfarrer und Pfarrei.

Personenregister